#VQD

PREFÁCIOS DE
BETO SICUPIRA E **JORGE PAULO LEMANN**

JOAQUIM CASTANHEIRA (ORG.)

VAI QUE DÁ!

Dez histórias de empreendedores
que transformaram sonhos grandes
em negócios de alto impacto

PORTFOLIO
PENGUIN

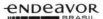

Copyright © 2014 by Endeavor Brasil

A Portfolio-Penguin é uma divisão da Editora Schwarcz S.A.

Grafia atualizada segundo o Acordo Ortográfico da Língua Portuguesa de 1990, que entrou em vigor no Brasil em 2009.

PORTFOLIO and the pictorial representation of the javelin thrower are trademarks of Penguin Group (USA) Inc. and are used under license. PENGUIN is a trademark of Penguin Books Limited and is used under license.

CAPA Claudia Espínola de Carvalho

PREPARAÇÃO Ligia Azevedo

REVISÃO Marise Leal e Huendel Viana

Dados Internacionais de Catalogação na Publicação (CIP)
(Câmara Brasileira do Livro, SP, Brasil)

Vai que dá! : Dez histórias de empreendedores que transformaram sonhos grandes em negócios de alto impacto / organizador Joaquim Castanheira. — 1ª ed. — São Paulo : Portifolio-Penguin, 2014.

ISBN 978-85-8285-000-8

1. Empreendedores 2. Empreendedorismo 3. Negócios 4. Negócios e economia 5. Sucesso 6. Sucesso em negócios I. Castanheira, Joaquim

14-07045   CDD-658.421

Índice para catálogo sistemático:
1. Empreendedorismo : Sucesso em negócios : Administração de empresas 658.421

[2014]
Todos os direitos desta edição reservados à
EDITORA SCHWARCZ S.A.
Rua Bandeira Paulista, 702, cj. 32
04532-002 – São Paulo – SP
Telefone (11) 3707-3500
Fax (11) 3707-3501
www.portfolio-penguin.com.br
atendimentoaoleitor@portfolio-penguin.com.br

Aos que nos ensinam a sonhar grande

Para ser grande, sê inteiro: nada
Teu exagera ou exclui.

Sê todo em cada coisa. Põe quanto és
No mínimo que fazes.

Assim em cada lago a lua toda
Brilha, porque alta vive.

Ricardo Reis, heterônimo de Fernando Pessoa

TODOS OS EMPREENDEDORES têm em comum algumas características que os individualizam e criam o desejo de ousar, desafiar-se e entregar um sonho diferente. Deparam-se a cada instante com decisões que os tornam únicos no momento de assumir riscos.

No fundo, empreendedores decidem com a certeza de que o título deste livro é a verdade suprema. Decidem apostando que "Vai que dá!". Algumas vezes pode "não dá" da primeira vez, mas quem empreende assume esse risco, ajusta o que for necessário e executa um plano B.

Um empreendedor tem que evoluir sempre entendendo o mundo, tomando atitudes, sabendo ser percebido e sabendo se relacionar. Precisa agregar mais pessoas que se sintam confortáveis com o seu caminho durante suas realizações, pois é mais fácil "ir" quanto maior for o apoio.

Enfim, "Vai que dá" com apoio e colaboração de quem também acredita é mais fácil!

Boa leitura!

LAERCIO COSENTINO
Presidente do Conselho da Endeavor Brasil

SUMÁRIO

Apresentação: Por que "Vai que dá!"? *13*

Prefácios de Jorge Paulo Lemann e Beto Sicupira *15*

1. Arizona *20*
2. Acesso Digital *40*
3. Grupo Prepara *56*
4. Prática *76*
5. Sirtec *94*
6. Tecsis *110*
7. Uatt? *132*
8. Casa do Construtor *148*
9. Clearsale *166*
10. ToLife *186*

Um retrato do empreendedor brasileiro:
O ponto de vista da Integration *203*

Agradecimentos Endeavor *237*
Agradecimentos Integration *239*

Sobre a Endeavor *241*
Sobre a Integration *243*

Créditos das fotografias *247*

POR QUE "VAI QUE DÁ!"?

AS DEZ HISTÓRIAS DE EMPREENDEDORES que encontrará neste livro têm grandes diferenças entre si. O nível de maturidade dos negócios, por exemplo. Ou o setor de atuação de cada um deles. O porte das empresas, o modelo de gestão e até mesmo a idade, o estilo pessoal e a história familiar dos seus fundadores.

Mas a leitura dos depoimentos desses dez empreendedores de alto impacto mostra que há entre eles algo em comum — e algo que se fez decisivo na criação e no desenvolvimento do negócio. Todos eles demonstram uma paixão incondicional, uma vontade de fazer acontecer que dificilmente poderá ser explicada por teorias e manuais de administração. Em cada um existe uma chama, um brilho nos olhos que se manifesta quando falam das soluções que criaram para problemas reais da sociedade e que transformaram em empresas que crescem continuamente.

Nós, aqui na Endeavor, adotamos uma expressão que traduz o dinamismo, a vontade e a determinação que caracterizam tanto nosso modelo de atuação como o perfil dos empreendedores que apoiamos: Vai que dá! Por isso, resolvemos utilizá-la como título do livro, pois ela transmite uma mensagem clara: sonhar grande dá o mesmo trabalho que sonhar pequeno e, assim, qualquer desafio ou obstáculo será sempre menor do que esse sonho grande.

Essas três palavras resumem com força a essência do empreendedorismo e da Endeavor. É claro que o planejamento desempenha um papel fundamental em qualquer negócio, mas o primeiro impulso vem da energia inata a todo empreendedor. Essa é a faísca que o tira do lugar, mesmo que, à primeira vista, as condições externas não sejam favoráveis e a ideia pareça não fazer sentido.

O lema Vai que dá! nunca se esgota. Ele se incorpora à cultura da empresa, assim como o estilo de seu fundador. É o valor que fará a diferença nas situações de crise que qualquer empreendedor enfrentará ao longo de sua trajetória. Pois nesses momentos outra marca registrada do empreendedor se manifesta: a resiliência, ou seja, o talento de extrair da própria adversidade a energia necessária para se reerguer. Os dez empreendedores que você vai conhecer aqui depararam, em maior ou menor intensidade, com esse tipo de desafio, e todos saíram do processo mais fortes, determinados e motivados do que antes.

O principal motor de mudança e desenvolvimento de uma sociedade é o empreendedorismo de alto impacto. São empresas com grande potencial de crescimento e larga capacidade de geração de empregos. No Brasil, menos de 1% das empresas são responsáveis por quase 50% dos novos postos de trabalho a cada ano. Muitas delas se encontram num ponto de inflexão — já não pertencem à categoria de start-up e ainda não atingiram o porte de uma grande organização. São empresas grandes, mas ainda pequenas.

Potencializar o impacto desses empreendedores é a principal missão da Endeavor. O exemplo de empresas bem-sucedidas nessa trajetória tem enorme poder de inspirar e motivar aqueles que estão trilhando (ou sonham trilhar) caminho semelhante. Esse é o propósito deste livro. Ao chegar à última linha do texto, acreditamos que uma frase estará gravada na mente e no coração dos leitores: Vai que dá!

PREFÁCIOS

QUANDO VIAJO, sempre tento avaliar por que certos países evoluem mais rapidamente que outros.
Por que a China teve essa ascensão incrível nos últimos anos? Singapura? A Coreia do Sul? Entre os fatores que contribuíram para o desenvolvimento destes países em termos de crescimento da renda *per capita* e bem-estar da população sempre se encontra a liberação e estimulação do empreendedorismo. Outros fatores como uma governança objetiva e funcional e ênfase em educação são importantes, mas por si só, não resolvem. Olhem Cuba por exemplo. Fez grande progresso na área educacional, mas sem empreendedores está totalmente estagnada economicamente. O que resolve mesmo é estimular o empreendedorismo, liberar e facilitar a criatividade de milhares de indivíduos que correndo atrás empurrarão o país para frente.
No Brasil temos muitos empreendedores. Fico surpreso com a quantidade de pessoas bem-sucedidas que montaram seu próprio negócio nos ramos mais diversos. As dificuldades criadas por nossa burocracia e complexidade fiscal atrapalham, mas o bom empreendedor não desiste e vai em frente, impulsionado pelo grande mercado que temos. Tenho encontrado bons em-

preendedores nos ramos mais diversos. O ramo educacional tem criado oportunidades excepcionais. O brasileiro está ávido para aprender. A introdução de novas tecnologias também. O mundo digital oferece milhares de novas oportunidades.

Fico animado com as histórias que vocês poderão ler a seguir. Espero que elas estimulem outros novos empreendedores a encontrarem um novo nicho no qual poderão suprir uma demanda latente e, com disciplina e eficiência, construírem uma grande empresa. Só assim teremos o país que desejamos e merecemos.

Jorge Paulo Lemann

HÁ 15 ANOS apoio a Endeavor a disseminar no Brasil a ideia de que empreendedores precisam de sonhos grandes para avançar com seus negócios e entregar valor para a sociedade. Fico muito feliz de ver que essa etapa do trabalho foi concluída com êxito: o conceito do "sonho grande" colou e temos um número cada vez maior de pessoas dispostas a empreender com alto impacto no país.

As histórias que você lerá nas próximas páginas mostram, no entanto, que ter um sonho grande não basta. A capacidade de execução e de botar pra fazer do empreendedor, tirando do papel aquela visão que foi vendida para todos, é tão ou mais importante do que o sonho em si. Se o sonho é o que tira o empreendedor da cama e contagia as pessoas, são os pequenos passos que o transformam em realidade.

Pensando nisso, gostaria de dividir com você alguns pensamentos resultantes de experiência própria e observações, que podem servir a quem quer construir alguma coisa grande.

1. ARRANJE ALGUÉM PARA TE AJUDAR

Sozinho você não vai conseguir nada. Para aumentar suas chances é preciso escolher os parceiros certos e que complementem as suas fraquezas. Divida com os outros para ter mais bases para multiplicação. E não se esqueça que as pessoas valem pelo que fazem e não pelo que conhecem ou como se apresentam.

2. DESENHE UM MAPA DO CAMINHO PARA CHEGAR LÁ E DIVIDA-O EM PEDAÇOS

    Acho que o melhor é olhar para diferentes horizontes de tempo: o de dez anos é o sonho grande, uma referência para dar energia para você e seu time; o de três anos é o *business plan*, que serve para ter um caminho; e o de um ano é o orçamento, que vai dizer o que você precisa fazer amanhã. Quando estiver chegando no sonho é hora de arrumar outro.

3. FAÇA AS PEQUENAS COISAS BEM-FEITO, TENHA PAIXÃO PELA EXCELÊNCIA

    As grandes empresas são sempre a soma de 1 milhão de pequenas coisas. Cuidar dos detalhes vai permitir você fazer o grande bem-feito. Isso é um hábito que precisa ser cultivado sempre.

4. AO CRESCER, NUNCA DEIXE SEU NEGÓCIO VIRAR UMA EMPRESA GRANDE

    A empresa grande é aquela onde não se perde tempo com coisas pequenas ou detalhes, mas o negócio bom e grande é feito de 1 milhão de detalhes! Depois de certo tempo, as ações de grande impacto vão começar a rarear e você dependerá da soma de muitas pequenas coisas para ter algum impacto. No fim do dia, despesa e investimento são literalmente iguais. Lembre-se, se você não fizer isso e nem der valor, ninguém de sua empresa o fará.

5. PREPARE-SE PARA FALHAR E CONTINUAR INSISTINDO

    Você vai errar. Por isso, erre rápido, seja original nos erros e aprenda a lição para que os mesmos erros não voltem a acontecer. Conserte logo, e se precisar, mude a estratégia: muitos negócios de sucesso planejavam ser outra coisa ao iniciarem e souberam mudar.

6. COPIAR É A MAIOR INOVAÇÃO

Temos uma grande vantagem ao começar um negócio no Brasil. No nosso mercado, podemos copiar melhorando uma iniciativa que já existe em economias mais maduras. Por isso, antes de inovar, veja se não dá para copiar: pesquise outras indústrias e outros países e traga o que você aprender para a sua. Se não tiver jeito, invista em pesquisa e desenvolvimento, mas suas chances serão mais remotas. Tenha orgulho de copiar, melhorando coisas que já existem!

7. GASTE MENOS QUE SEUS CONCORRENTES E TRABALHE MAIS QUE ELES

A paixão pela excelência o levará a ser o mais produtivo da sua indústria, mas cuidado! Não se compare com os seus concorrentes, ou no máximo você será só um pouquinho melhor do que eles.

E por último: lidere por seus exemplos e não por suas palavras. O seu legado como empreendedor está nas coisas que você fizer todos os dias para transformar seu sonho grande em um negócio que empregue pessoas, pague impostos e contribua para o desenvolvimento do país.

Boa leitura!
Beto Sicupira

1. ARIZONA

> "Vamos crescer até onde conseguirmos exercer nossos valores com plenitude."
> ALEXANDRE ABDO HADADE

VISÃO DO MENTOR
SILVIO GENESINI

O CASE ARIZONA É UM EXEMPLO TÍPICO de como o dilema do inovador se resolveu a contento e adequadamente pela mão decidida dos irmãos Hadade, netos de imigrante e filhos de pai e mãe empreendedores. Eles criaram inicialmente uma empresa gráfica pequena e diferenciada. Quando o mercado apertou, perceberam que o valor não estava mais na impressão, mas em toda a complexidade que os clientes tinham para preparar o material que chegava à gráfica. Com a evolução da tecnologia era possível simplificar e tornar mais eficiente esse esforço que no início era chamado de pré-media e com o tempo virou crossmedia.

A gráfica foi vendida e a Arizona, nome herdado de uma propriedade rural da família, virou empresa de software e tecnologia, assim como uma maçã virou empresa de computadores. Os irmãos tiveram dúvidas, mas não titubearam em canibalizar o próprio negócio e serem os próprios "disruptores" antes que um terceiro o fizesse. Deram um exemplo que muitas companhias grandes e bem preparadas não conseguem dar. Desbravaram um território novo, o que é apropriado a quem escolheu se chamar Arizona.

Os irmãos criaram um mercado novo que não existia, nem mesmo no exterior, e tinham até dificuldade de explicar o que faziam. No início a Arizona melhorou a vida das companhias com grande número de produtos de consumo que precisavam imprimir catálogos (daí a ligação com a gráfica), depois as companhias similares que precisavam mudar rapidamente seus anúncios impressos, ou posteriormente em qualquer tipo de mídia. A partir dessa base inicial passaram a ajudar qualquer empresa que tivesse uma complexidade grande para administrar o marketing e a comunicação multimídia.

Foi quando, por iniciativa da Endeavor, Marcus e Alexandre me procuraram. Eu era presidente do Grupo Estado. Quando me explicaram o que faziam e a dificuldade de comunicar ao mercado um modelo de negócios tão novo e que não tinha um nome consolidado, recomendei que começassem a contar histórias de sucesso das relações que já tinham com seus clientes. Assim fizeram, e as boas histórias ajudaram a criar e consolidar a identidade da marca. A partir desse primeiro encontro fui convidado a participar do conselho consultivo que ajudou nas discussões e dilemas típicos da fase de crescimento e consolidação. Em especial me lembro das dúvidas sobre o papel dos sócios e a divisão de responsabilidade entre os executivos. Também sobre que nível de formalização deveria ter a estrutura organizacional. Acompanhei a resolução de questões societárias complexas. Questões normais e tradicionais em empresas em fase de maturidade. Mas a principal contribuição do conselho consultivo foi na discussão do modelo de negócios e de como deveria ser sua evolução para continuar relevante em um mundo multimídia convergente.

O modelo de negócios foi e continua sendo o maior fator de diferenciação da Arizona, baseado em tecnologia proprietária de ponta, contratos recorrentes com grandes empresas e uma proposição de valor com benefícios evidentes de redução de custos e complexidade. Aí está a chave da inovação e do sucesso da empresa. Para que esse modelo escale e evolua, os irmãos precisam continuar inovando em um ambiente agora com concorrentes, e com novas soluções tecnológicas sempre ameaçando tomar um mercado que parecia cativo. O dilema do inovador se repete e a ousadia é permanentemente necessária. Qual novo oeste precisa ser desbravado e qual nova gráfica deve ser vendida para que a Arizona continue a cumprir seu propósito?

SILVIO GENESINI é membro do conselho da Arizona, atuou como diretor-presidente do Grupo Estado, foi presidente da Oracle do Brasil e sócio-diretor da Accenture.

DOIS IRMÃOS E UMA FOLHA EM BRANCO

ERA UMA VEZ DUAS MÁQUINAS GRÁFICAS USADAS. O dono queria vendê-las e publicou um anúncio nos classificados do jornal *O Estado de S. Paulo*. O empresário Abdo Antônio Hadade, leitor assíduo da seção, viu, gostou do preço e comprou. Sua mulher, Jaqueline Zoppi Hadade, se juntou a um dos três filhos, Alexandre, e colocou os equipamentos em funcionamento. Depois outro filho, Marcus, se juntou à turma. Criaram uma gráfica especializada em impressos de alta qualidade e a batizaram com o nome de um sítio da família, Arizona. A empresa cresceu rapidamente, atingiu faturamento de 20 milhões de reais, era altamente lucrativa e desfrutava de prestígio no mercado. Enfim, os dois irmãos poderiam ser felizes para sempre.

Nada disso. Era um negócio, e não um conto de fadas. No auge, em 2007, passaram a gráfica adiante e partiram para uma nova empreitada. Hoje, a empresa dos irmãos Hadade é uma fornecedora de soluções integradas focadas em proporcionar melhores resultados para o ecossistema da comunicação e marketing. Isso quer dizer que a Arizona (a marca foi mantida) recebe o material criado pelas agências de publicidade para seus anunciantes, realiza todas as etapas de produção e coordena a aprovação junto à agência e seus clientes. Depois gera os arquivos digitais e despacha versões específicas para cada tipo de mídia onde a peça publicitária será veiculada — jornais, sites, televisão, outdoors, tablets e banners. E esses meio são apenas os mais óbvios. Há muitos outros, incorporados ao nosso dia a dia, como caixas de pizza, escadas rolantes, cordões para crachá, catracas de metrô, bolachas para copos, cabides para lojas de roupa, encostos de poltrona em avião, filmes no Youtube, placas em campos de futebol, camisetas promocionais etc. Os profissionais de marketing chamam esse universo de "one content, multiple screens" [um conteúdo, múltiplas mídias]. A Arizona oferece ainda armazenamento e gestão de ativos digitais, além de análise das ações de marketing realizadas pelos clientes. Em apenas sete anos, seu crescimento foi exponencial. Com faturamento anual de 72 milhões de reais, a companhia tem escritórios em São Paulo, Rio de Janeiro e Buenos Aires, emprega trezentos funcionários e ostenta uma carteira de cem clientes, com grifes como Natura, Coca-Cola, Santander, Carrefour, Peugeot-Citroën, além de grupos de comunicação do porte da Lew'Lara/TBWA, W/McCann, Almap/BBDO e Talent/Publicis.

Não deixa de ser curioso que um empreendimento desse porte tenha sua origem num simples classificado, publicado em 1998. Na ocasião, seu Abdo era dono da Cineral, fabricante de televisores. Em outra frente, mantinha uma administradora de consórcios. As duas máquinas gráficas lhe despertaram a atenção, pois poderiam ser utilizadas para imprimir os carnês e, quem sabe, os manuais dos produtos da Cineral. Era um volume tão grande que em dois meses o investimento se pagaria, calculou. Não funcionou assim. A dificuldade para contratar mão de obra especializada quase levou o empresário a se desfazer dos equipamentos. A mulher não deixou, assumindo a tarefa de colocar a pequena gráfica em funcionamento.

Na mesma época, o filho Alexandre desembarcou no Brasil depois de um período estudando no exterior. Formado em administração de empresas, sonhava com um emprego em um banco de investimento. Enquanto participava de processos de seleção, meteu-se na gráfica para ajudar a mãe. Tomou gosto pelo negócio, mas não se deixou levar pela paixão, evitando um erro comum entre empreendedores novatos. Antes de mergulhar na atividade, dedicou-se a conhecê-la de forma mais profunda. Cursos do Senai lhe proporcionaram formação técnica e conhecimento da operação fabril. Logo, percebeu que precisava de apoio, sobretudo na área comercial. Marcus era a escolha natural. Na ocasião, o irmão mais velho era um dos principais executivos de vendas da Cineral. Sua rede de relacionamentos, sobretudo entre as agências de publicidade, agregaria valor à Arizona. Assim, Alexandre poderia se dedicar mais à gestão e à indústria.

Parecia lógico, mas não factível. A Arizona mal gerava receita para cobrir a remuneração de Alexandre. Então, como incluir um sócio na empresa? As conversas evoluíram e a motivação de Marcus cresceu na mesma proporção. Ainda hoje, quando relata a passagem, seus olhos brilham. "O projeto era como um papel em branco, e nele poderíamos escrever uma história", recorda. "Como recusar?" Mais uma vez, os dois evitaram a tentação de ir em frente empurrados apenas pelo entusiasmo. "A empresa precisava de um plano de negócios consistente, baseado na oferta de algum tipo de serviço que não fosse commodity", diz Alexandre. "Só assim teria futuro."

Nos meses seguintes, ambos se atiraram num cuidadoso mapeamento do mercado. O quadro que emergiu da pesquisa indicou que mais de 90% das gráficas se dedicavam a serviços simples, como cartões, convites, folhetos etc. Pequenas, não tinham capacitação para serviços mais elaborados. Os 10% restantes possuíam tecnologia de ponta e atendiam encomendas de larga escala. Por conta disso, os preços para impressões de volumes reduzidos se tornavam impeditivos. De acordo com os estudos, então, havia carência de fornecedores dispostos a entregar materiais com acabamento sofisticado em tiragens limitadas, como catálogos de moda e revistas segmentadas para consumidores de alto poder aquisitivo, entre outros. Ou seja, fazia falta uma espécie de boutique gráfica. E ali estava o nicho a ser ocupado.

Seria perfeito, não fosse um ponto: não seria com máquinas usadas que a Arizona atingiria o nível de requinte que pretendia oferecer aos clientes, e a geração de caixa não permitia investimentos vultosos. A solução apareceu com o Projeto Soma, concebido no segundo semestre de 1999. Alexandre e Marcus organizaram um almoço no Ecco, um badalado restaurante na região da avenida Faria Lima, em São Paulo. Para o encontro, convidaram representantes de seis dos melhores fornecedores da indústria gráfica brasileira, como a Basf alemã, de tintas, a Suzano, de papel, e a Heidelberg, principal fabricante mundial de máquinas para impressão e acabamento. O Soma sugeria uma parceria em que cada um dos participantes mostrasse o que tinha de melhor em seu portfólio. "Nossa empresa será um showroom para expor a excelência de seus produtos", propôs Alexandre na apresentação. "Para isso, precisamos de apoio, inclusive financeiro, e acesso às inovações de vocês." O projeto previa o uso do logotipo dos seis parceiros no material de divulgação e até nos uniformes dos funcionários da Arizona.

Os fornecedores compraram a ideia. A Heidelberg, por exemplo, forneceu uma impressora de última geração em condições camaradas. O valor de 800 mil euros seria pago em parcelas semestrais ao longo de cinco anos com um ano de carência. Com o Soma, as encomendas para a Arizona se multiplicaram, mas o equipamento da Heidelberg só chegaria ao Brasil no início do ano seguinte. Nada que justificasse dizer "não" aos clientes que apareciam. Quando as coisas apertavam, os sócios levavam o serviço para outra gráfica. Não era permitido desrespeitar prazos ou negligenciar a qualidade. "Às vezes, perdíamos dinheiro com essa atitude", conta Marcus. "O prejuízo à credibilidade, porém, sairia mais caro." Na prática, os irmãos seguiam uma das máximas do empreendedorismo: "Venda o que não tem e encaixe onde não cabe".

Nos três anos seguintes, as receitas (e o prestígio) da Arizona cresciam aos saltos, e alguns sustos no meio do caminho não chegaram a interromper a trajetória ascendente. Um deles ocorreu em 2002, quando a campanha eleitoral para presidente da República provocou instabilidade econômica e elevou o dólar e o euro a patamares inéditos. Endividada em euros, as contas da empresa sentiram o impacto. Mais uma vez, Alexandre e Marcus contaram com a boa vontade da Heidelberg. Os prazos de pagamentos foram dilatados, o que amenizou em parte o efeito da desvalorização do real.

Os sócios já conviviam com outra dor de cabeça desde 2000, quando notaram uma mudança no relacionamento com os clientes. De forma tímida num primeiro momento e com mais intensidade nos anos seguintes, executivos da área de marketing passaram a ser substituídos por analistas de compra na hora de negociar valores e fechar contratos — uma diferença sutil, mas com profundo significado. Na avaliação de Alexandre e Marcus, o mercado caminhava rumo à "commoditização". O palavrão sinalizava que o fator preço se tornava absolutamente preponderante num processo de aquisição. Quem fizesse mais barato levava o serviço.

Era uma má notícia para uma empresa de nicho, cujo valor agregado era o requinte do produto final. Mas Marcus e Alexandre identificaram a tendência antes que os efeitos se manifestassem no desempenho da Arizona. Ficou a lição de acompanhar atentamente cada movimentação do mercado, avaliando o impacto no negócio e decidindo como se adaptar ao novo cenário. Foi o roteiro seguido na Arizona.

Os irmãos começaram a olhar com mais atenção o departamento de pré-impressão, a fase posterior à criação e anterior à impressão de uma peça. Entre outras tarefas, a pré-impressão inclui a finalização dos arquivos digitais e o gerenciamento de cores, além da revisão de cada detalhe e da geração de provas para que o cliente dê o sinal verde. Enfim, é o pente-fino antes que o material comece a rodar. Na ocasião, sem grandes recursos tecnológicos, o processo era rudimentar; agora, além de mais sofisticado, ele não se limita aos canais impressos e se estende a todas às mídias eletrônicas, tendo sido rebatizado de "crossmedia". No chamado "ecossistema da comunicação", essa etapa era (e ainda é) considerada excessivamente operacional, complexa, detalhista e pouco nobre. Exigia (e ainda exige) mão de obra intensiva e, não raro, jornadas de trabalho que invadiam (e ainda invadem) a madrugada. As agências de publicidade ofereciam esse tipo de serviço mais por necessidade dos clientes do que por decisão estratégica. "Então para nós seria estratégico", conta Marcus. O departamento se tornou uma unidade independente. Os irmãos logo perceberam que o mercado ansiava por um fornecedor nessa área. "Até outras gráficas nos contratavam para cuidar da pré-impressão", recorda Marcus. A ideia era fortalecer o novo braço e depois decidir sobre o rumo a tomar em relação à gráfica. O objetivo principal era incluir no portfólio dos serviços de crossmedia um "cliente de referência", ou seja, uma daquelas marcas que representem um aval de qualidade e excelência. "Aposte o que puder para conquistar um cliente de referência", sugere Marcus.

Ao esquadrinhar o mercado, Marcus e Alexandre descobriram uma porta de entrada na Natura: um ex-colega de escola de ambos. Por intermédio dele, apresentaram as soluções de crossmedia e fizeram uma proposta. Durante um tempo trabalhariam para a empresa e, se o serviço não ficasse bom, devolveriam todo o dinheiro recebido — na ocasião, cerca de 100 mil reais. Era um desafio monumental. Tratava-se de administrar a produção dos catálogos de produtos de uma das maiores fabricantes de cosméticos e produtos de higiene pessoal. A cada 21 dias, eram impressos 3 milhões de exemplares em dezessete diferentes versões para sete países da América latina.

O que aconteceu a partir daquele momento representa um bom resumo do trabalho desenvolvido pela Arizona. Muitos produtos de maquiagem da Natura eram devolvidos pelas consumidoras, pois havia diferença entre as cores registradas nos catálogos e as cores reais, mas esse índice caiu 30%. A aprovação de material se tornou 65% mais rápida, já que o processo foi automatizado e o deslocamento de pessoal diminuiu sensivelmente. A economia gerada pela localização e utilização de imagens já produzidas somou 80 mil reais. Resultado: hoje a fabricante de cosméticos e produtos de higiene pessoal é um dos maiores clientes da Arizona.

As perspectivas eram boas, mas a migração definitiva para o setor de crossmedia embutia riscos. Do faturamento de 20 milhões de reais, 75% vinham da gráfica. Quando pediam a opinião de outras pessoas, Alexandre e Marcus ouviam mais ou menos o seguinte: "Mas por que mudar se o negócio vai tão bem?". Por outro lado, o mercado lhes dizia que, sim, era hora de mudar.

Era um sentimento semelhante ao experimentado por Marcus ao trocar a Cineral pela Arizona. A folha em branco aparecia novamente à sua frente. Por isso, os irmãos diziam: "Já escrevemos uma história. Qual queremos escrever agora?". A angústia provocada por dilemas como esse pode paralisar o negócio. "O empreendedor tem o direito de ficar triste, mas a tristeza só pode durar um dia. Depois é necessário se reerguer e retomar a atitude positiva", diz Marcus. Por quase três anos, os sócios conviveram com a dúvida. "O que desempatou o jogo foi a possibilidade de fazer algo diferente", explica Marcus. Na avaliação de Felipe Gasko, gestor da Endeavor responsável pelo acompanhamento da Arizona, a decisão revela um traço no perfil dos irmãos que se encaixa com perfeição no setor de tecnologia. "São dois empreendedores sem receio de mudar atuando num mercado em constante mutação", diz ele. "É uma forte vantagem competitiva."

Em 2007, a gráfica foi vendida para um dos maiores grupos do setor no mundo, a Globo Cochrane. O desafio, a partir de então, foi reconstruir as receitas. A nova Arizona nasceu menor do que a antiga Arizona, com um emagrecimento de 75%. Com recursos no caixa, aquisições entraram no radar da empresa. Mais uma vez, os dois irmãos saíram a farejar o mercado. Localizaram o alvo na Image, uma concorrente que vivia uma situação paradoxal: não conquistava novos contratos (por carência de tecnologia), mas não perdia os antigos (em função do bom atendimento prestado). As carteiras de clientes das duas companhias eram complementares. O negócio foi fechado, e um dos sócios da Image, Roberto Casali, passou a deter uma parcela do capital da Arizona.

Ao incorporar a Image, a Arizona entrou na rota de expansão acelerada no mercado de crossmedia. O principal diferencial no mercado era o modelo, vigente até hoje, sustentado por três pilares: no primeiro, o time da empresa identifica minuciosamente (e, se necessário, redesenha) o processo de trabalho, e cada etapa — da produção ao envio de arquivos às mídias, passando pela aprovação — é descrita e registrada; no segundo pilar, a equipe de tecnologia entra em cena para desenvolver ferramentas e infraestrutura; no terceiro, os operadores do sistema e funcionários dos clientes são treinados.

À medida que aplicavam esse sistema e mergulhavam no dia a dia dos clientes, novas oportunidades de negócios saltavam aos olhos dos dois irmãos. Hoje, a Arizona atua em três frentes, todas nascidas da demanda dos próprios clientes e ligadas ao universo do marketing. Alexandre as classifica como "camadas que se sobrepõem" e que "conversam entre si", ou seja, funcionam de forma integrada. São elas:

1. PRODUÇÃO

Foi a origem da empresa e até hoje é a principal fonte de suas receitas. Como já foi dito, trata-se do meio de campo no fluxo de materiais entre agências de publicidade e os canais de comunicação. Ou seja, a Arizona cuida da parte mais trabalhosa e braçal da área de comunicação, que, se mal executada, prejudica irremediavelmente a relação entre o anunciante e seu consumidor final. Esse risco é minimizado, pois um único conteúdo alimenta todas as mídias, garantindo uniformidade às mensagens e integridade à marca. Se estivéssemos falando de uma montadora de automóveis, a empresa não desenvolveria os projetos dos veículos e tampouco faria o design, mas produziria o carro e cuidaria para que chegassem brilhando e intactos à rede de concessionárias. Enfim, seria responsável pela etapa fabril do negócio. O que, na opinião de Marcus, a torna diferente é o uso intensivo de tecnologia. "O processo é inteiramente automatizado. Aprovações, envio de materiais, acabamento, tudo é feito por intermédio de plataformas digitais", explica.

2. GESTÃO

O serviço armazena ativos digitais (como anúncios veiculados, fotos e vídeos), cuida da gestão de orçamentos e apoia o planejamento e as ações de marketing. Por exemplo, um dos clientes da Arizona, o Santander, altera o orçamento para a área, em média, uma vez por semana, o que significa cinquenta diferentes versões por ano. É uma planilha em constante atualização que orienta e controla o investimento de centenas de milhões de reais em publicidade, promoção e marca. A cada ano, são 14 mil ações de marketing que geram 60 mil peças publicitárias. "Nosso sistema guarda todo esse acervo e possibilita o acesso rápido e preciso a ele. Além disso, atualiza as informações orçamentárias em tempo real, permitindo que o gestor acompanhe de forma integrada esse universo", diz Marcus.

3. ANÁLISE

O controle dessas informações é importante, mas elas são de pouca utilidade se não forem analisadas constantemente. Por isso, a Arizona desenvolveu também um módulo de análise e mensuração dos resultados das ações de marketing da companhia. Com ele, é possível, por exemplo, gerar um relatório com todas as informações referentes a cada anúncio publicitário feito pelo cliente: número de inserções, data, custo, região geográfica, retorno obtido etc. "Essas informações gerenciais são fundamentais para as tomadas de decisão e formulação das estratégias de comunicação", diz Alexandre.

O que amarra tudo isso é uma forte cultura empresarial. "Nossa veia é resolver problemas dos clientes, não criá-los. A principal ferramenta para cumprir essa missão é o uso intensivo de tecnologia própria." Outro aspecto, ressalta Marcus, é a inovação. Para que ela floresça, há pré-requisitos. "Estamos abertos ao erro", diz ele. Se houvesse hostilidade interna a tropeços, os funcionários prefeririam não arriscar e se instalariam numa zona de conforto. Assim, as soluções apresentadas seriam aquelas já testadas e aprovadas — o que se tornaria fatal para um modelo baseado na customização dos sistemas e, ao mesmo tempo, no rigor da operação, com processos detalhados e precisos. Cada etapa tem duração pré-determinada, seja ela de simples execução, seja de alta complexidade. Todos os passos podem ser rastreados a qualquer momento. "É modelo industrial, baseado no conceito mais moderno de linha de montagem. Trabalhamos em três turnos, 24 horas por dia, o que significa que não paramos em momento algum", diz Marcus. Parte da equipe da empresa cumpre expediente nas instalações do próprio cliente. Alguns abrigam trinta profissionais da Arizona. "Ganha-se agilidade e qualidade", diz Marcus. "Buscamos entregar o melhor resultado no menor tempo com erro próximo de zero."

O atendimento personalizado explica a predominância de grandes empresas na carteira de clientes da Arizona. Elas possuem fôlego financeiro para arcar com os investimentos em tecnologia e aguardar a economia que será gerada ao longo do tempo. Mas, para pequenas e médias companhias, o modelo se torna quase proibitivo. "Esse pode ser um gargalo para a Arizona ganhar escala", alerta Gasko, da Endeavor. A saída estaria no desenvolvimento de soluções padronizadas que atendessem a esse público no quesito custos. "A empresa já tem uma base tecnológica suficientemente ampla para dar esse salto", diz ele. Trata-se de uma estrutura parruda sustentada por 150 servidores na empresa, além de outros tantos instalados em clientes e backups na nuvem.

Um obstáculo nesse caminho seria encontrar talentos que "já tenham o nosso jeito", de acordo com Marcus. De acordo com seus cálculos, 60% das necessidades de pessoal deveriam ser satisfeitas com profissionais que se integrassem rapidamente à cultura da Arizona. "Caso contrário, a velocidade de crescimento será menor", afirma ele. É uma questão estratégica. "A Arizona vende confiança. E quem entrega confiança são as pessoas", diz. O empresário tem uma visão própria sobre a formação de equipes: "Não monte uma à sua imagem e semelhança. A diversidade é mais difícil de ser administrada, mas produz resultados melhores". Faz sentido. Num setor em permanente mutação como o de tecnologia, opiniões fora da caixa podem ajudar a acompanhar o cenário. Por outro lado, isso exige humildade e respeito à diferença por parte dos líderes. Marcus recomenda que empreendedores ouçam mais do que falem. "Em uma conversa de uma hora, falo por quinze minutos e ouço quarenta", afirma. E os outros cinco minutos? "Tomamos um café", responde. Cordialidade? Não só. "Aprendi com meu pai e meu avô que relacionamento é a alma do negócio", diz.

Para Alexandre e Marcus, pai e avô são presença obrigatória em conversas sobre negócios. Nascido na Síria, o avô desembarcou no Brasil em 1925, fugindo de uma guerra civil em seu país de origem. Aqui, foi camelô, barbeiro e vendedor. A luta pela sobrevivência diária não ofuscou a paixão pela tecnologia. Depois de fazer um curso por correspondência, abriu uma oficina de conserto de equipamentos eletrônicos. Ali começou a saga empreendedora da família. A oficina se transformou em uma loja. O filho Abdo Antônio, pai de Alexandre e Marcus, herdou o negócio e abriu novas frentes, como a administradora de consórcios. Quando, no início dos anos 1990, o então presidente da República Fernando Collor de Melo promoveu uma abrupta abertura de mercado, Abdo enveredou para a importação de televisores. Se os aparelhos fossem montados na Zona Franca de Manaus, a empresa teria benefícios fiscais. Por isso, ele abriu uma fábrica na capital amazonense e utilizou como marca dos produtos o mesmo nome da loja, Cineral.

Marcus participou ativamente dessa experiência. Desde a infância, metia-se na loja do pai durante as férias escolares. Uma passagem em particular o marcou. Depois de um dia de muito movimento, Abdo avisou o filho de que o local precisava de limpeza. Marcus só não esperava que o pai aparecesse com duas vassouras na mão para, juntos, realizarem o trabalho. "Foi uma lição de humildade e de envolvimento com a equipe e o negócio que jamais esqueci", conta.

Anos depois, já trabalhando em Manaus pela Cineral, Marcus observou como diferenças culturais influem nos negócios. Certo dia, recém-chegado à cidade, solicitou um relatório urgente para a secretária. Solícita, ela se comprometeu a entregar o trabalho rapidamente — em dez dias. "Percebi que a comunicação requer clareza e que as mensagens nem sempre são óbvias como parecem à primeira vista", diz ele.

A partir dessas passagens, ele desenvolveu sua visão sobre a gestão de talentos e a valorização de pessoal. Marcus defende que o ambiente profissional não pode colidir com o projeto pessoal, e lança mão de diversos instrumentos para atingir esse objetivo, de gestos singelos (liga para cada funcionário no dia do aniversário) até políticas ousadas de promoção — uma das secretárias da diretoria começou como faxineira da empresa. A contrapartida é o respeito absoluto aos valores da Arizona. Tempos atrás, uma recepcionista que destratou uma faxineira foi demitida. O mesmo rigor valeu para um funcionário que ganhou um tablet de um fornecedor e não comunicou o fato à chefia.

O investimento no desenvolvimento profissional é intenso. Um dos sócios, Bruno Schrappe, passou dois meses nos Estados Unidos atrás de novas tendências. Outro mergulhou durante uma semana no Gartner, o principal grupo de consultoria e informações em tecnologia do mundo. Um acordo com o Massachusetts Institute of Technology (MIT), um dos mais conceituados centros de pesquisa e ciências dos Estados Unidos, permite que alunos do MBA da instituição desenvolvam projetos específicos para a Arizona. A colaboração inclui um mês de estágio na sede da companhia em São Paulo. Em 2012, por exemplo, os estudantes se dedicaram a um estudo sobre o mercado americano na área de atuação da Arizona.

A escolha do tema dá uma boa pista sobre o que Alexandre e Marcus vislumbram para o futuro da Arizona. É um desafio e tanto, mas não o único. Canais de comunicação surgem e desaparecem a cada dia, o que, por tabela, exige a permanente adaptação da empresa. Nos últimos anos, por exemplo, a Arizona se viu diante do desafio de incorporar a produção para internet e vídeo a um modelo desenhado para atender, sobretudo, a mídia impressa. "O importante foi entender que nossa vocação é a produção em alta escala, baseada em tecnologia e inovação, para qualquer meio de comunicação, seja impresso, seja digital", afirma Marcus.

Hoje, olhando para trás, a venda da gráfica e a consequente guinada de rumo nos negócios foi indiscutivelmente acertada. Na época, porém, gerou forte angústia nos dois irmãos. "Tínhamos 1 milhão de pontos de interrogação na cabeça", diz Marcus. Uma a uma, as respostas foram surgindo, permitiram um processo de amadurecimento profissional intenso para os irmãos Hadade e, sobretudo, mostraram que o empreendedorismo é o casamento da oportunidade com o planejamento, da intuição com a ciência, da paixão com a razão, mesmo que se manifeste a partir de uma descompromissada leitura dominical dos classificados do *Estado de S. Paulo*.

UM RAIO X DA ARIZONA

- **EMPREENDEDORES:** Alexandre Abdo Hadade e Marcus Hadade
- **ANO DE FUNDAÇÃO:** 1998
- **FUNCIONÁRIOS:** 300
- **SEDE:** São Paulo-SP
- **O QUE FAZ:** Serviços de produção crossmedia e soluções integradas de tecnologia para marketing.
- **WEBSITE:** www.arizona.com.br
- **SONHO GRANDE:** Ter relevância mundial com um time de alta performance e que ao mesmo tempo seja feliz!

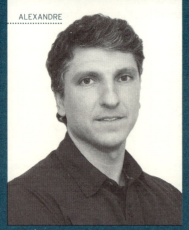

ALEXANDRE

MARCUS

2. ACESSO DIGITAL

> "Nós acreditamos que, ao transformar as pessoas que trabalham conosco, elas transformam a empresa."
>
> DIEGO MARTINS

VISÃO DO MENTOR
SÉRGIO CHAIA

QUANDO RECEBI O CONVITE para meu primeiro *mentoring* na Acesso Digital, fiquei meio sem graça. Afinal, não conhecia nada do mercado em que ela competia, e acreditava que minha colaboração seria pequena. Além disso, pela breve descrição que tinha recebido, achava o negócio da Acesso muito chato e, consequentemente, já vislumbrava que minha interação também seria.

Como preparação para a reunião, pesquisei na internet sobre a empresa e as surpresas começaram a aparecer. A Acesso já era considerada uma das melhores empresas para se trabalhar no Great Place to Work, crescia velozmente em seu mercado e tinha um presidente de trinta anos. A curiosidade que já era grande aumentou quando visitei a sede e deparei com um pessoal jogando pingue-pongue atrás da mesa da recepcionista.

Conversando com o Diego e sua equipe, confirmei que o sucesso não chega por acaso. A Acesso é mesmo muito diferente e especial. Nasceu de um sonho de construir uma empresa onde as pessoas sejam felizes e por isso a fizessem crescer. Onde, antes de tudo, há uma causa, uma missão que permeia todos os planos e ações.

O interessante é que eles sabem que precisam aprender coisas novas, mas sempre procuram encaixá-las na maneira Acesso de ver as coisas. São humildes e ambiciosos ao mesmo tempo, antenados com o futuro, mas valorizando o passado. Preocupados com as pessoas, mas conscientes de que o investimento nelas tem de dar resultado, se não o modelo quebra, o sonho acaba e a causa se vai!

Apesar das metas agressivas, a visão de Diego e da Acesso é muito maior. Os resultados dão credibilidade a um modelo de gestão inovador e a missão também passa por estimular o mundo dos negócios a repensar a forma atual de gestão. Senti que a Acesso pode e deve ser uma referência para as empresas que estão aí e as que vão surgir, inspirando e transformando modelos de gestão e liderança.

Discutimos muitas coisas, desde os rumos estratégicos até como liderar o sucesso. E esse é mais um diferencial da Acesso: tudo o que ela vem conseguindo, resultados, exposição, mídia e propostas, poderia deixá-los inebriados, iludidos e reféns daquilo que já alcançaram. Mas toda vez que falo com eles me espanto com a consciência, a maturidade e o desprendimento com que lidam com tudo. Quando o sucesso sobe à cabeça, eles se lembram da causa, da missão, do propósito e da ilusão, e saem correndo em busca de novos alvos para tentar ludibriar.

Pensei que ia ser um trabalho chato e rápido, mas hoje tenho o maior orgulho de dizer que, se faço *mentoring* para Diego e seu time, eles também me ensinam muito, em um processo estimulante, verdadeiro e crescente de como podemos fazer mais e melhor sempre.

A Acesso não passa na vida das pessoas ao acaso, sejam clientes, funcionários ou mentores como eu. Ela muda, transforma, provoca e motiva a ser mais produtivo, mais engajado e mais comprometido com a sua felicidade, a felicidade do seu negócio e a das pessoas ao seu redor.

SÉRGIO CHAIA é conselheiro de empresas, vice-presidente para a América Latina na Symantec e foi presidente da Nextel e da Sodexo Pass.

ACESSO À FELICIDADE

MESMO QUEM JÁ SE HABITUOU aos escritórios irreverentes de empresas de tecnologia como Google e Facebook pode se surpreender ao entrar na sede da Acesso Digital, na região da avenida Luiz Carlos Berrini, um dos principais corredores de edifícios comerciais de São Paulo. No amplo salão, com poucas paredes, entre longas bancadas dispostas em formato "espinha de peixe", dois jovens disputam uma acirrada partida de pingue-pongue; aparelhos de TV transmitem partidas de futebol; ao lado de uma cadeira de balanço, há pufes em formato de dados; deitado num sofá, um sujeito ressona tranquilamente. Tudo isso no meio de uma tarde de quarta-feira.

Diego Torres Martins caminha tranquilamente pelo local sem demonstrar incômodo algum com o que, à primeira vista, parece ser uma turma de jovens cabulando o trabalho. Detalhe importante: Diego é fundador e maior acionista da Acesso Digital, líder na digitalização e gestão de documentos no Brasil. E aquele cenário é a parte mais visível de uma cultura peculiar, que, segundo ele, se constitui num dos principais fatores para a expansão acelerada da companhia. É um jogo de pesos e contrapesos, que equilibra um ambiente informal e motivador com uma política de metas rígidas e forte cobrança de resultados, evitando que a liberdade gere um clima de acomodação. "As relações de trabalho tradicionais se baseiam na desconfiança entre empregado e empregador. Por isso, a empresa sente necessidade de controlar cada passo do funcionário: saber onde ele está, o que está fazendo, a que horas chega, a que horas sai etc.", afirma ele. "Na Acesso, é diferente. Desde sua criação, confiamos inteiramente nas pessoas. E elas devem entregar os resultados combinados. As metas são nossa moeda de troca nessa relação."

Trajando calça jeans, camisa e tênis, Diego fala com desenvoltura e orgulho sobre a cultura da empresa que fundou em 2007. O discurso articulado, claro e seguro pode sugerir excesso de autoconfiança, tão típico de jovens que rapidamente alcançaram sucesso em seu campo de atuação. Ele tem a seu favor os resultados conquistados até agora. Em 2013, com apenas seis anos de existência, o faturamento da Acesso Digital bateu os 40 milhões de reais. Sua carteira de oitocentos clientes ostenta marcas de ponta, como Marisa, TAM, Citibank, Cyrella e Itaú. Além disso, a empresa coleciona prêmios e títulos de reconhecimento público, tendo entrado na lista de Melhores Empresas para se Trabalhar, concedido pela revista *Época* e o Great Place to Work, e Empreendedor de Sucesso, da Editora Globo e da Fundação Getúlio Vargas. Há dois anos, recusaram uma oferta tentadora pela empresa.

O bom desempenho foi alimentado por pelo menos dois outros fatores, avalia Arthur Valadão, gestor da Endeavor responsável pelo acompanhamento da Acesso Digital. Um deles é Paulo Alencastro, ex-executivo da Vivo que se integrou à empresa em 2009. Com experiência em finanças e planejamento, é o sujeito que coloca "ordem na casa", avalia Arthur. Forte nas áreas de controle e orçamento, funciona como contraponto ao jeitão mais arrojado de Diego. Os estilos são diferentes e complementares, e a visão é idêntica. "Num rally, o Diego seria o piloto e o Paulo, o copiloto", afirma Arthur. O segundo fator, segundo Arthur, é o modelo de negócios. "A Acesso não chega ao cliente para vender um pacote de serviços pronto. Primeiro, a empresa entende exatamente qual é a necessidade do cliente, a seguir, apresenta uma solução completa, que inclui equipamentos de digitalização e softwares para a gestão da documentação." Mais: essa "solução completa" serve não apenas para uma empresa específica, mas para todo o setor, o que garante escala e, assim, preços competitivos no mercado. Hoje, a Acesso tem presença forte em atividades como varejo, concessionárias de veículos, bancos e imobiliárias.

Sem gente "com faca nos dentes", como diz Arthur, disposta a mergulhar na realidade do cliente, não é possível percorrer o caminho que começa no problema e chega à solução. Por isso, o modelo de valorização de pessoal na Acesso não é apenas desejável — é mandatório, ou, utilizando uma expressão do mundo corporativo, estratégico. A origem da companhia está ligada umbilicalmente a essa questão. Em 2006, aos 22 anos, o paulistano Diego trabalhava como consultor comercial e atendia dois clientes. Ele ganhava bem mais do que a média de um recém-formado em marketing, e sua carreira se mostrava promissora, mas Diego convivia com um incômodo. O ambiente de trabalho nas organizações era hostil, baseado numa concorrência permanente. As áreas de cafezinho pareciam consultórios comunitários de psicologia, com os funcionários se queixando dos chefes e dos colegas. A estrutura de poder acentuava a insatisfação. "Havia executivos que, tão logo eram promovidos a diretor, paravam de cumprimentar funcionários", relembra. Em sua visão, os feudos internos afastavam as pessoas e desviavam a atenção daquilo que deveria unir todos ali: atingir as metas e promover o crescimento da empresa. Era um contrassenso: as pessoas passavam a maior parte da vida em um local onde não se sentiam bem. "Seria possível fazer de outra forma?", perguntava-se Diego.

A resposta estava a 10 mil quilômetros de São Paulo, mais precisamente em Mountain View, Califórnia, onde se localiza a sede do Google. Diego só conhecia o Googleplex através de reportagens e conversas com executivos do setor. Para quem não conhece, o QG da empresa é um edifício de linhas arrojadas, com decoração colorida, lúdica e surpreendente, onde estações de trabalho dividem espaço com mesas de sinuca, cafés, pianos, bicicletas, equipamentos de ginástica e até um tobogã, que une o primeiro andar ao térreo — enfim, uma tradução arquitetônica da cultura de informalidade. Em 2009, Diego visitou o Google e conferiu de perto o modelo que lhe serviu de inspiração.

"Por que não fazer isso no Brasil?", refletia ele. O modelo de gestão estava desenhado, pelo menos em suas linhas gerais — faltava o negócio, como se o carro tivesse sido colocado à frente dos bois. Essa, porém, é a ordem natural das coisas, de acordo com o conceito de Diego. "Antes da empresa, deve nascer a causa, o propósito", afirma. Depois vem o negócio e, se ele parece muito sonhador, distante da realidade, procure outro.

"Pense grande", diz Diego. A Acesso pretende chegar em 2020 com um faturamento de 1 bilhão de reais e ser reconhecida por promover experiências inovadoras para quem trabalha ali. "Mesmo que a empresa seja pequena, é necessário ter um orçamento, metas claras e ambiciosas e o modelo de negócios bem definido para atingi-las", continua ele

Em outras palavras, sonhe com os pés no chão. Diego escolheu um terreno bem conhecido, o de gestão de documentos para empresas, área em que já atuava como consultor. Num país marcado pela burocracia, essa questão mobiliza o universo corporativo. Há um trânsito contínuo e intenso de papéis, o que consome custos e energia, afetando diretamente a competitividade e a produtividade das companhias. A digitalização de documentos ameniza o problema e o mercado já oferecia produtos para esse fim, como escâneres, copiadoras, servidores, serviços de hospedagem, entre outros — enfim, todos os equipamentos necessários para o cliente cuidar desse assunto. A proposta de Diego previa algo mais, ou seja, agregar valor à simples comercialização de produtos. "Eu não queria vender tecnologia, queria oferecer soluções", diz ele.

A proposta era criar um "pacote" composto por escâner e softwares para organização e gestão de documentos. Além disso, a Acesso Digital ofereceria um portal na internet, que permitiria o acesso à "papelada digital" de qualquer local e, caso o cliente quisesse, por um amplo número de usuários simultaneamente. A infraestrutura de armazenamento também ficaria a cargo da Acesso. Tudo isso estaria debaixo de um mesmo guarda-chuva, numa embalagem única (que depois receberia o nome comercial de Safe-Doc).

Para levar seus planos adiante, Diego identificou dois caminhos. Primeiro, tornar-se presidente de uma companhia já existente e nela implantar uma nova cultura empresarial. Isso levaria de vinte a trinta anos, e ele tinha pressa. Segundo: criar seu próprio negócio e começar de um jeito inovador.

As ideias, conceitos, modelos de gestão e planos de negócios foram consolidadas numa apresentação. Com ela debaixo do braço, Diego procurou um dos seus clientes, a OR Info, apresentou os cinquenta slides e propôs a criação do novo negócio, comandado por ele. Os questionamentos vieram. Não era demais para um jovem de 22 anos? Não era cedo para liderar uma companhia? Não faltava experiência? Ele não estava queimando etapas? Na opinião de Diego, nada disso era realmente impeditivo para colocar os planos em prática. "Empreender é acreditar que não existe limitador para fazer aquilo que se quer. Se surgir algum, ele está em sua cabeça", diz. Era um discurso forte, bem articulado e motivador, mas que parece não ter convencido o conjunto de acionistas da OR Info. Um deles, porém, se sensibilizou. Rui Jordão, um português radicado no Brasil e sócio de diversas companhias.

Mais do que um sócio, Diego ganhou ali um mentor. "Ele tinha a experiência que me faltava", comenta. Juntos, definiram o posicionamento da empresa recém-criada no mercado. O objetivo era de que no futuro o Safe-Doc não fosse visto como mais um produto, e sim como uma solução. "A abordagem comercial teria que falar dos problemas do cliente, não do produto", afirma. Era como transportar a acupuntura para o mundo dos negócios: localizar o ponto nevrálgico que gera o problema do cliente, atacá-lo e, assim, fazer cessar a dor. Em resumo: escolher setores específicos da economia e, dentro deles, eleger os processos mais complexos, em que a solução da Acesso Digital trouxesse ganhos de produtividade e economia nos custos. Qual seria o primeiro alvo? O setor de contabilidade, porque movimenta montanhas de papel. Qual seria o problema a ser resolvido? A organização do tráfego desse material e o acesso dos clientes à documentação. Com o Safe-Doc e um portal na internet, a comunicação se tornou mais ágil e simples. Outro alvo imediato foram as concessionárias de veículos. Na abordagem, a equipe da Acesso não oferecia um produto ou um serviço. Em vez disso, o representante propunha reduzir pela metade o tempo de venda dos automóveis, ao agilizar o tráfego de documentos necessários entre a loja e a sede da empresa ou a montadora. Argumento semelhante foi utilizado ao apresentar a solução para o setor financeiro. O trânsito de documentos em papel entre as agências bancárias e as centrais de análise tornava moroso o processo de concessão de crédito em suas diversas modalidades, além de dificultar a detecção de fraudes.

Em maio de 2007, o desenho da nova empresa estava concluído. Para montar a estrutura, a ordem era buscar recursos já existentes no mercado, de preferência à base de parcerias. Até na hora do batismo da companhia o princípio foi seguido. Acesso Digital era o nome da consultoria de Diego. O time inicial foi formado numa espécie de voluntariado. Alguns profissionais mantinham seus empregos e, ao final do expediente, rumavam para o escritório da Acesso e ali trabalhavam sem remuneração — era um investimento, pois o retorno viria com o crescimento da empresa na forma de participação acionária ou na contratação. Alguns fornecedores importantes enveredaram pelo mesmo caminho. Os servidores foram emprestados por uma companhia na qual Jordão possuía uma participação — e nada custaram. Com a LWM, fornecedora de softwares, o acordo era de que só cobrasse pelos serviços quando a carteira da Acesso somasse cinquenta clientes. A meta foi atingida menos de um ano após o início das operações. A Acesso, então, incorporou a antiga fornecedora e dois de seus sócios, Leandro Ramalho e Luciano Medeiros, receberam, em troca, uma parcela do capital.

A aceitação no mercado foi imediata. Aí veio um duro golpe para a recém-criada empresa. Um infarto fulminante matou Jordão, aos cinquenta anos. "Foi um baque pessoal e profissional", recorda Diego. Heloísa, esposa de Jordão, permaneceu como sócia na Acesso. No mesmo período, a jovem equipe fez uma constatação: na mesma intensidade com que chegavam, os clientes saíam. Sim, o modelo de abordagem era inovador, mas não estabelecia um relacionamento permanente. Até ali, o trabalho da Acesso se encerrava após a instalação do sistema e o treinamento dos funcionários. Novos contatos só ocorriam se o cliente necessitasse de assistência técnica ou de outro serviço. Mais: sem um esforço de conscientização constante, vários deles deixavam de utilizar o sistema. O problema foi o estopim para um processo de mudança no modelo de negócios, que se concretizaria em 2011. "Não bastava entregar a solução. Tínhamos que ajudá-los a migrar da cultura do papel para a cultura digital", diz Diego. A partir daí, a Acesso desenvolveu programas de conscientização para clientes e potenciais clientes, com palestras e informativos, entre outros instrumentos. Uma área de pós-venda foi montada, com a missão de acompanhar o nível de utilização dos sistemas já entregues.

Diego e os sócios perceberam, assim, que os negócios são como seres vivos — precisam mudar constantemente para se adaptar aos desafios impostos por novas demandas do mercado ou da conjuntura. Outro alerta nesse sentido ocorreu em 2010, quando uma intimação chegou ao escritório da Acesso. Convocava um representante da empresa a prestar depoimento em um inquérito policial que investigava o uso de documentos falsos em fraudes bancárias. A Acesso não foi acusada de nada e o assunto não avançou, mas o sinal amarelo piscou. Pelos servidores da empresa, transitam documentos de vários graus de importância e, por conta disso, os mecanismos de segurança deveriam ser reforçados. Sistemas semelhantes aos dos bancos passaram a ser adotados. Auditorias externas foram incorporadas aos processos da empresa. E o acesso a áreas mais sensíveis se tornaram restritos. Foi um teste de resistência para a cultura da empresa, baseada na ampla liberdade de movimentos e no compartilhamento constante de informações. "Perguntávamos como seria a reação interna", diz Diego. O resultado apareceu no final daquele ano. Em votação interna, o líder da área levou o prêmio de destaque do ano por sua contribuição à melhoria dos negócios. "Diante de um desafio, é a força do sonho que conecta as pessoas, desde que ele seja factível. Essa é a base para a formação de um time", afirma Diego.

Ele próprio pondera que esse sonho deve ser traduzido em sistemas e políticas internas. Hoje são 23 programas voltados para motivação, desenvolvimento de pessoal e difusão da cultura organizacional. Cada um deles é coordenado por um líder da companhia — na Acesso não se usa a terminologia clássica de "diretores" e "gerentes". Nem as vagas no estacionamento têm dono. De tempos em tempos, um sorteio define os sortudos que vão parar o veículo na garagem do edifício. No mais recente, a sorte não sorriu para Diego e ele saiu em busca de outro local para estacionar o carro. A ênfase é evitar a formação de feudos e de uma estrutura organizacional cristalizada, sem mobilidade ou com funções estanques. No escritório, não há salas individuais. Assim como todos os funcionários, Diego e os demais sócios possuem apenas mesas nas estações de trabalho. Dois deles, aliás, têm chefe — ao contrário do que normalmente ocorre em outras companhias, o que demonstra, segundo Diego, que na Acesso as habilidades e competências são fatores predominantes e a humildade é um traço da cultura empresarial. "Os sócios sabem que agregam mais valor atuando em funções nas quais têm conhecimento, e não assumindo posições mais altas na hierarquia", explica.

Outro programa, batizado de Ser Mais, identifica dez funcionários de grande potencial ou que necessitam de acompanhamento profissional mais próximo. Cada um deles é acompanhado por um líder de outra área da companhia. Os dois agendam conversas periódicas, nas quais qualquer assunto pode ser abordado, referente ou não ao ambiente de trabalho. Alguns programas visam a realização de sonhos dos funcionários ou de seus parentes. É o caso do Grande Família. Graças a ele, um motoboy e sua esposa puderam, enfim, fazer um álbum de casamento, um desejo que a falta de dinheiro não permitira concretizar na ocasião — a Acesso contratou um estúdio fotográfico e até alugou um vestido de noiva. "Olhamos o indivíduo sob os vários ângulos da vida dele. Se atingir o equilíbrio, será mais feliz e, por tabela, vai trabalhar mais motivado e estabelecer uma relação de lealdade com a empresa", diz Diego.

O próprio sistema coloca essa lealdade em teste. Volta e meia, a empresa organiza eventos, como a prática de esportes radicais, durante o expediente. Vai quem quer, ou melhor quem pode — e essa é uma decisão exclusiva do funcionário. As teorias clássicas (e as práticas) de administração pregam outros valores, como hierarquia bem definida, controle de horários e divisão entre carreira e vida pessoal. Num universo em que essas são as regras, empresas como a Acesso Digital não se tornam corpos estranhos? Não há risco de descontrole, desorganização e acomodação? Não, afirma Diego, pois o sistema tem mecanismos de defesa contra essas situações. Na Acesso, os funcionários têm metas objetivas a serem cumpridas. Vale para todos, da função mais operacional aos líderes máximos da companhia. Quem não atingir os objetivos se explicará numa reunião trimestral exclusiva para esse fim, marcada sempre às sete e meia. Se ficar aquém da meta por três meses consecutivos, o funcionário é automaticamente desligado do quadro de pessoal. Ao chegar nesse estágio, não há segunda chance. "Somos humanos com as pessoas e duros com os resultados ruins", afirma Diego.

Mesmo assim, no final do primeiro semestre de 2012, a ameaça da acomodação rondou o ambiente de trabalho. A empresa vinha de um período de crescimento acelerado. A motivação estava em alta — até o balanço revelar que o crescimento da empresa no período havia sido zero. Uma reunião com todos os funcionários foi convocada e a mensagem transmitida foi dura, assim como as medidas tomadas. O relatório de vendas, até então semanal, passou a ser diário. Criou-se também o Três em Um — tarefas que normalmente consumiam três dias de trabalho deveriam ser realizadas em um. Depois do susto, a empresa retomou a fase de expansão. O faturamento saltou de 22 milhões para 40 milhões de reais entre 2012 e 2013. O número de funcionários subiu de 86 para 125 no mesmo período.

"Um dos grandes desafios para a Acesso sempre foi, e será, manter presentes os princípios dessa cultura peculiar e transferi-los para todos os funcionários", explica Arthur, da Endeavor. "À medida que a empresa cresce, essa questão se torna mais crítica." Mesmo porque, em algum momento, novos sócios deverão ser aceitos, com perfil diferente daquele dos atuais controladores. Nos primórdios, a Acesso financiou sua expansão com créditos bancários, e a seguir com recursos gerados pelos resultados positivos. Na visão da empresa, essas fontes não são suficientes para sustentar os ambiciosos planos de expansão. Resta então um caminho: abrir espaço para o ingresso de um novo acionista, provavelmente um fundo de investimento. "Somos muito procurados", admite Diego. "É um sinal de nosso sucesso e do reconhecimento público, mas temos que liderar esse processo, e não ser liderados." Por isso, algumas regras já foram estabelecidas. Primeira: os atuais sócios não abrirão mão do controle. Segunda: é mandatório que haja um alinhamento de filosofia, ou seja, que os novos acionistas também tenham os mesmos princípios de valorização dos funcionários. Terceira: além de recursos, os novos acionistas devem fazer um aporte de conhecimento, sobretudo para a gestão dos negócios.

Trata-se de uma preocupação constante na empresa. Um dos

vários programas de desenvolvimento pessoal, chamado Voz da Experiência, convida palestrantes que sirvam como fonte de inspiração para os funcionários. Diego, por exemplo, se mira em empresários e executivos reconhecidos por sua liderança. Com Fábio Barbosa, presidente do Grupo Abril, mantém encontros trimestrais para conversar sobre cultura empresarial. Outros interlocutores são Pedro Passos, um dos três controladores da Natura, e Marcel Telles, que, com Jorge Paulo Lemann e Beto Sicupira, forma o badalado trio que controla Anheuser-Busch InBev, Burger King e Heinz. Mas um desenho numa das paredes da sede da Acesso, entre bicicletas, mesas de pingue-pongue e sofás coloridos, não deixa dúvidas sobre quem continua sendo a fonte de motivação para a empresa: Rui Jordão. Junto a uma ilustração com seu rosto está a frase: "Continue sendo nossa inspiração".

UM RAIO X DA
ACESSO DIGITAL

EMPREENDEDORES: Diego Martins e Paulo Alencastro

ANO DE FUNDAÇÃO: 2007

FUNCIONÁRIOS: 125

SEDE: São Paulo-SP

O QUE FAZ: Digitalização e gerenciamento eletrônico de documentos.

WEBSITE: www.acessodigital.com.br

SONHO GRANDE: Tornar-se uma das três maiores empresas de tecnologia do Brasil, mantendo como pilar principal a gestão de pessoas.

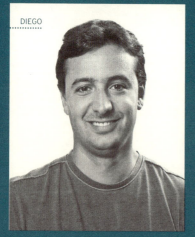

DIEGO

PAULO

3. GRUPO PREPARA

> "Nosso maior trunfo é continuar surpreendendo a concorrência."
>
> ROGÉRIO GABRIEL

VISÃO DO MENTOR
PEDRO ALEXANDRE PINHEIRO

FUI UM DOS PRIMEIROS CHEFES DE ROGÉRIO GABRIEL, numa consultoria chamada MW. Saí da empresa em 1992, fui para a Bunge e depois para a Mercer (que tinha adquirido a MW em 1993). Não via Rogério Gabriel havia algum tempo, exceto por uma foto que ilustrava uma entrevista para a *Folha de S.Paulo* em que fui "apresentado" ao presidente do grupo Prepara. Em meados de 2012, saí da Mercer, onde era diretor da divisão de capital humano, e passei a atuar como consultor independente. Nessa mesma época, um amigo, também da Mercer e que tinha um parente franqueado, encontrou o Rogério em uma feira em Goiânia. Ele fez o link entre nós depois de mais de vinte anos.

Tive interesse em rever o amigo e entender o que era o grupo Prepara. Trocamos alguns e-mails e, em meados de 2013, tivemos um encontro onde lembramos os velhos tempos, falamos da vida e também de negócios. Rogério resumiu as características do grupo Prepara, seus diferentes negócios e abordagens. O interessante foi que a conversa fluiu como se ainda nos víssemos com frequência, sem o hiato de vinte anos. Gostei de tudo o que ouvi: tanto pelo aspecto pessoal quanto profissional. Eu e minha mulher, Berenice, conversamos sobre o tema. Decidimos que o próximo passo seria uma viagem a São José do Rio Preto para ver de perto tudo o que Rogério comentou e o que o site descrevia. Ficamos lá dois bons proveitosos dias com reuniões explicativas sobre as franquias, visitando algumas unidades e principalmente revendo o casal amigo, Rogério e Andrea, nas horas vagas. A viagem valeu a pena, e voltamos com vontade de mudar a nossa vida. A semente estava plantada.

Fomos seduzidos pelo que vimos e ouvimos durante nossa visita. Mantivemos contato com alguns membros da equipe da franquia e percebemos que o engajamento e o comprometimento com a ideia e seus resultados eram totais. O projeto nos pareceu bem motivador. Já tínhamos pensado em ver algo além do mundo corporativo em que sempre atuei. Por que não encarar um novo desafio e ter nosso próprio negócio? Sapatos, chocolates e cafés foram considerados. Mas melhor ainda se esse projeto estivesse relacionado com um tema importante, alinhado com nossas crenças de que a educação é um fator fundamental para o processo de mudança cultural de que o país precisa. A análise do novo projeto foi além do casal: nossos filhos também participaram e deram contribuições. Decidimos entrar de cabeça no projeto de duas franquias da Ensina Mais, do grupo Prepara. Tivemos alguns treinamentos, participamos de uma convenção e logo estávamos em fase de abertura da nossa primeira escola. Temos muito trabalho pela frente, mas com dedicação vamos superar os novos desafios.

Recentemente, num e-mail, eu disse para Rogério que ficava feliz com seu progresso: "O bom garoto da MW virou um senhor empreendedor". Vale um complemento importante: essa mudança aconteceu sem que ele deixasse de ser uma pessoa bem-humorada, com bons valores e um estilo de liderança diferenciado.

A natureza e a forma de condução do time do grupo Prepara nos conquistaram, mas o respeito e a confiança que temos em relação a Rogério também foram fundamentais para nossa decisão. Vamos torcer para trabalhar nessa equipe por muito tempo.

PEDRO PINHEIRO é consultor sênior na MH Consult, foi diretor na Mercer e diretor de Recursos Humanos na Bunge.

CAPACITAÇÃO PARA REALIZAR SONHOS

EM 1990, ROGÉRIO GABRIEL ERA UM RECÉM-FORMADO em matemática da computação, que mal completara 23 anos e acabara de conseguir seu primeiro emprego, na MW, consultoria especializada em previdência privada. Na época, numa conversa com a namorada (e futura mulher) Andrea, comentou: "Um dia ainda vou contratar meu chefe. Ele é um ótimo profissional", disse, em referência a Pedro Alexandre Pinheiro, então diretor da empresa e seu superior imediato. A intenção soa surpreendente vinda de alguém que mal saíra da faculdade. Há duas interpretações possíveis: ou se trata da autossuficiência típica de jovens ambiciosos ou é a manifestação de um sonho grande, característica marcante e obrigatória no perfil de qualquer empreendedor. É só ler o conteúdo de um e-mail que Rogério recebeu no final de 2013, encaminhado justamente por Pinheiro, para acreditar na segunda opção. No texto, o ex-chefe diz que está "muito feliz e otimista com esse projeto". Depois comemora o fato de ter "encontrado você de novo". E arremata: "O bom garoto da MW virou um senhor empreendedor".

O projeto em questão tratava da aquisição de duas franquias da Prepara Cursos, empresa fundada por Rogério em 2004 que, como o próprio nome revela, oferece cursos profissionalizantes e de idiomas. O elogio no final ("senhor empreendedor") pode ser explicado por alguns números. Entre unidades próprias e franqueadas, as três bandeiras do grupo Prepara (Prepara Cursos Profissionalizantes, Aprenda Idiomas e Ensina Mais) estão fincadas em cerca de oitocentos pontos espalhados pelo país. No total, em 2013, mais de 400 mil jovens frequentaram suas salas de aulas em mais de setenta cursos, o que coloca o Prepara no topo do ranking das maiores corporações educacionais profissionalizantes do Brasil, com faturamento de 270 milhões de reais. "Para chegar a esse estágio em apenas dez anos, é preciso muita coragem", diz Rogério, antes de completar, "e uma boa dose de loucura também."

Rogério é um sujeito bem-humorado, que ostenta um otimismo inquebrantável e se refere às experiências passadas e presentes com atitude sempre positiva, sejam elas boas ou ruins. De todas, extrai algum tipo de lição, sintetizada em frases e expressões divertidas e bem articuladas. Dos pais, recebeu o legado que o levou, segundo suas próprias palavras, ao sucesso no campo dos negócios. De seu Wartanir, herdou o espírito empreendedor. De d. Edmir, a autoconfiança. "De tanto ela me apoiar, acabei acreditando em meu potencial", afirma ele. "O empreendedor precisa de autoconfiança. Bem dosada, mas acima da média. É assim que a gente aguenta a pancada."

A "pancada", no caso, foi a falência, em 2003, da Precisão, uma rede de oito lojas que vendiam produtos de informática criada por ele treze anos antes. O tombo lhe custou 10 milhões de reais de seu patrimônio, estimado na época em 12 milhões de reais. Sobraram apenas a casa onde morava e o prédio no qual funcionava a sede da companhia. Mas encontrou no departamento de treinamento da Precisão o embrião do novo negócio. E em momento algum, garante, cogitou abandonar a carreira solo. "Como largar algo que carrego dentro de mim e descobri ainda criança em minha própria casa?", pergunta ele.

Nascido em Bebedouro, cidade do interior de São Paulo, Rogério descende de uma família de empreendedores. O avô, imigrante italiano, largou a roça ainda jovem para trabalhar por conta própria, como mascate. Ia de porta em porta, de cidade em cidade, vendendo uma infinidade de produtos. Em suas andanças, identificou no café uma atividade promissora e passou a fazer a intermediação entre agricultores e distribuidores. O negócio se desenvolveu e abriu espaço para o filho Wartanir, pai de Rogério, se integrar à companhia.

O caminho para Rogério também estava traçado. Ainda criança, acompanhava o pai em reuniões com clientes e fornecedores. Gostava de ouvir histórias de contratos fechados com astúcia e muita conversa. "Para mim, era um jogo, uma espécie de Banco Imobiliário real", lembra. O pai percebeu a vocação do rebento e, em sua visão, a sucessão na empresa já estava definida. Não era essa a opinião de Rogério. "Meu pai é ótimo amigo e conselheiro, mas não um sócio, por ser muito centralizador", afirma. "E eu também queria mandar."

Daí a surpresa do seu Wartanir quando o filho comunicou a intenção de estudar matemática da computação. O pai pediu explicações sobre o que, afinal, era aquilo. Didaticamente Rogério apanhou um controle remoto de TV, expôs o funcionamento do aparelho e o papel de um matemático da computação em seu desenvolvimento. O pai ouviu com atenção e, ao final, disse: "Muito interessante. Mas por que você não larga os estudos, vem trabalhar comigo e depois compra o controle remoto pronto em uma loja?".

Logo após ingressar na Unicamp, Rogério ainda tentou, mais uma vez, seguir os passos de seu Wartanir. Durante as férias, aproveitou uma viagem de lazer dos pais e assumiu o comando de um laranjal pertencente à família. Em dois meses, ajeitou processos, implantou sistemas de análise e estabeleceu procedimentos de gestão. Uma semana depois de voltar do passeio e retomar o batente, o pai desfez tudo. "Então, tive a certeza de que não poderiamos trabalhar juntos. Foi a *melhor* frustração da minha vida", afirma ele, em mais uma de suas frases bem-humoradas e precisas. O desejo de empreender, porém, permaneceu. Em 1987, com o diploma universitário debaixo do braço, Rogério se mudou para São Paulo, contratado pela MW. Durante dois anos, a estrutura enxuta da empresa o colocou em contato direto com os "apuros" da vida de empreendedor, ensinando-o a tomar decisões rápidas e de alto impacto e despertando a consciência de trazer as pessoas para perto dos objetivos de negócios. Nessa ocasião, Andrea, ainda sua namorada, cursava direito no Mackenzie, também em São Paulo. Com o casamento engatilhado e bem encaminhado na MW, Rogério vislumbrava aquilo que chamam de "futuro promissor". Então, o sinal amarelo acendeu. "Percebi que tudo poderia dar certo. A tentação da carreira executiva é muito forte. Se continuasse naquele ritmo, não teria meu próprio negócio", explica ele.

Rogério despediu-se da MW, voltou para o interior do estado, onde enxergava mais oportunidades para se estabelecer por conta própria. Não tinha clareza do que fazer e, por isso, aceitou um novo emprego na área de informática, dessa vez numa fábrica de suco de laranja em sua cidade natal, Bebedouro. Um ano e meio depois, a sensação de saciedade ressurgiu. A carreira na cooperativa se consolidava rapidamente e o sonho do empreendedorismo parecia se distanciar — um cenário semelhante ao vivenciado na MW poucos anos antes, mas com uma diferença crucial: agora, Rogério havia identificado uma brecha no mercado e seria por ela que se embrenharia rumo à sua própria empresa.

Já era o início da década de 1990, e o Brasil enfrentava os efeitos da reserva de informática. Impedidas de importar computadores e softwares e sujeitas aos preços inflados dos produtos locais (um micro custava 10 mil dólares, por exemplo), as empresas brasileiras tinham vivido na pré-história do processo de informatização. Agora, buscavam recuperar o tempo perdido. E essa era a especialidade de Rogério. O interior paulista também apresentava boas oportunidades, sobretudo nos municípios ao redor de Ribeirão Preto, um dos polos agrícolas mais importantes do país — setor que, nas palavras de Rogério, estava saltando do "controle do canhoto do talão de cheques para a tela do computador". A atividade agrícola era sua praia, graças à experiência acumulada nas empresas do pai e na cooperativa.

Depois de um périplo pelas cidades vizinhas (uma pesquisa empírica, diz ele), resolveu armar acampamento em São José do Rio Preto. Ali, numa pequena loja, batizada com o nome Precisão, passou a vender e instalar sistemas de gestão para companhias, além de comercializar microcomputadores e outros implementos de informática. Rogério mirou um alvo e acertou outro. O mercado corporativo não respondeu positivamente. A demanda por computadores, por outro lado, surpreendeu. Com o fim da reserva em 1992, os preços caíram fortemente e os micros começaram a se tornar acessíveis para parcelas da população. Mais: passaram a ser objeto de desejo para a classe média. As vendas de computadores no Brasil saltaram de cerca de 400 mil unidades em 1988 para mais de 700 mil em 1993.

Rogério surfou na onda e, em poucos anos, a pequena loja de São José do Rio Preto, onde trabalhavam duas pessoas, se transformou numa rede com oito pontos de venda e mais de cem funcionários. Os louros pela rápida expansão não podem ser creditados somente aos bons ventos que impulsionaram o mercado. Rogério promoveu inovações no modelo de negócios predominante no setor naquele momento. O mais significativo foi transformar a venda de computadores, até então com forte viés técnico, em um ramo do varejo. "Sai do B2B para o B2C", resume Rogério. A inspiração veio da rede americana Best Buy, uma espécie de supermercado de informática, onde os produtos são expostos em prateleiras e bancadas, e não atrás de balcões, longe do alcance dos consumidores. A Precisão mudou outros hábitos das empresas do setor: suas lojas abriam aos sábados, por exemplo, porque o público não era corporativo, então aproveitava o fim de semana para fazer compras.

A empresa se tornou uma referência no mercado. Grandes fabricantes de PCs e impressoras solicitavam a Rogério que testasse e avaliasse equipamentos antes do lançamento. Até 1997, as coisas fluíram bem. Mas os fatores que haviam alimentado o sucesso até então levariam a uma nova ruptura de mercado, da qual a companhia não sairia ilesa.

Os primeiros alertas sobre as mudanças surgiram dos próprios clientes. "Vocês parcelam em dez vezes sem juros?", perguntavam com frequência cada vez maior ao entrar nas lojas. Era um sinal de que computadores estavam migrando da categoria de aparelhos técnicos para o segmento de bens de consumo. Os consumidores deixavam de encará-los apenas como instrumentos de trabalho e passavam a enxergá-los como eletrodomésticos, assim como TVs, equipamentos de som e aparelhos de DVD. Natural, portanto, que grandes redes varejistas começassem a abrir espaço nas gôndolas para os PCs. Os concorrentes da Precisão passaram a atender pelo nome de Extra, Carrefour, Walmart, Casas Bahia, Magazine Luiza, entre outros gigantes do comércio. As vendas caíam sem parar. De 1997 a 1999, a empresa amargou prejuízos contínuos. Em 2000, o pequeno lucro significou a chamada melhoria da morte, o último suspiro. Entre 2001 e 2003, as perdas voltaram com força e consumiram 10 milhões de reais do patrimônio da empresa e de seu fundador.

Rogério não joga a responsabilidade sobre a mudança de hábito do consumidor — assim como seria injusto creditar o sucesso dos primeiros anos da Precisão simplesmente à alta demanda por microcomputadores. Em ambos os momentos, a diferença foi o toque do empreendedor — para o bem ou para o mal. "O crescimento e a perenidade de um negócio vêm da inovação permanente", afirma ele. A Precisão se desenvolveu a partir de um modelo ainda inédito no Brasil e não percebeu quando esse modelo foi superado pela realidade do mercado. "Eu estava muito envolvido na operação e não me dediquei a analisar os cenários", afirma ele. "Nunca deixe de olhar para fora da empresa e observar as tendências", aconselha. Lição aprendida, avalia Arthur Valadão, gestor da Endeavor responsável pelo acompanhamento da Prepara Cursos. "A experiência o deixou calejado. Atualmente, Rogério olha para a frente, avalia as tendências, conversa continuamente com gente do mercado", diz. "Dificilmente será surpreendido por mudanças bruscas no cenário."

A principal autocrítica de Rogério, porém, reside na demora em tomar a decisão inevitável. A Precisão, diz ele, deveria fechar as portas no mínimo três anos antes. Dessa constatação, retirou um mandamento que o orienta desde então: "Não abandone o negócio na primeira dor de barriga, mas não se apegue a ele se não enxergar viabilidade". Há uma linha tênue entre uma coisa e outra, mas que pode ser identificada com planejamento e metas. "Imponha limites para as perdas. E os respeite", diz ele.

O maior obstáculo em tais situações é o envolvimento umbilical entre a cria e o criador. "Muitas vezes, a paixão pelo empreendimento cega o empreendedor", adverte. Para evitar o risco, Rogério faz três recomendações. "Encontre o equilíbrio entre o lado afetivo e o lado racional"; "Persista, mas não insista"; "Se não houver jeito, empurre a vaquinha para o precipício. Não espere que ela caia sozinha, pois só prolonga o sacrifício". A vaquinha (no caso, a Precisão) foi para o precipício em 2003.

A transição entre um antigo negócio e uma nova atividade requer o "acionamento de dois botões, o OFF e o ON", aprendeu Rogério. "Antes de iniciar uma jornada, é necessário se desapegar da jornada anterior", diz ele. O OFF surgiu durante conversa com o diretor comercial de um grande fabricante de computadores. "Não adianta ficar chorando agarrado ao poste. Ele não vai andar de jeito nenhum", aconselhou o executivo, contrariando, aliás, seus próprios interesses comerciais (afinal, a Precisão era um de seus clientes). "Aí, deu o estalo", afirma Rogério. Na ocasião, ele pensou em bater à porta do pai e pedir ajuda, mas não o fez. "Meu orgulho impediu", admite. "Quebrei sozinho, e sozinho encontraria a saída."

O "botão on" estava ao alcance da mão, ou, para ser mais preciso, a poucos metros da mesa de trabalho. Rogério não se encastela em sua sala, onde pode ser encontrado em 30% da jornada de trabalho. No restante do tempo, ele caminha entre os departamentos da empresa, desde aquela época. "Se preciso falar com algum funcionário, não chamo. Vou procurá-lo em sua estação de trabalho." Na Precisão, costumava ir aos balcões da loja, onde "sentia o pulso do negócio", afirma. E numa dessas andanças pelos corredores, já na fase final da empresa, Rogério notou o departamento de treinamento. Era apenas uma área de suporte à atividade principal da companhia, tão importante no relacionamento com clientes quanto irrelevante no faturamento. Mas recebia boa avaliação de quem a contratava. Veio o segundo estalo: não haveria ali a semente de um novo negócio? Uma importante restrição precisava ser superada: o preço salgado, resultado de um serviço praticamente personalizado, já que cada instrutor se dedicava a três alunos no máximo. Outra: a Precisão oferecia cursos a empresas e não a pessoas físicas, o que reduzia a escala a ponto de levá-la ao nível da inviabilidade financeira. Para piorar, além de pulverizado, o mercado corporativo do interior paulista era pequeno se comparado ao da capital.

Enfim, eram muitas as barreiras, mas elas seriam removidas se o negócio adquirisse escala. Como? Oferecendo cursos para pessoas físicas, o que exigiria preços inferiores (aliás, bem inferiores) aos cobrados dos clientes corporativos. Para isso, não poderia ser mantida a relação de um educador para cada três alunos. Em busca de modelos, Rogério apanhou o carro e rodou pelas cidades da região visitando escolas profissionalizantes. Nelas, percebeu a necessidade de criar um sistema de ensino. E notou as pilhas de apostilas impressas nas mesas de professores e alunos. Com a bagagem na área de tecnologia, pensou: "Preciso automatizar tudo isso". Mais: precisaria informatizar parte do próprio processo didático.

O ponto de partida estava definido. A informatização seria um diferencial no mercado e reduziria a necessidade de recursos financeiros — que Rogério não possuía. A falta de dinheiro se tornou, por sinal, o motor de arranque da Precisão. O endereço da primeira "escola" da marca, em Catanduva, foi escolhido por esse critério. O pequeno imóvel era alugado por um valor baixo e abrigava uma loja da Precisão, logo adaptada para funcionar como sala de aula. Dois educadores da antiga empresa formaram o primeiro corpo docente da escola. Num primeiro momento, Rogério também cogitou aproveitar o nome Precisão, pois era uma marca reconhecida e associada ao setor de informática. Até hoje, ele recebe, em média, de dez a quinze ligações mensais de clientes à procura da Precisão, dez anos após seu desaparecimento. Mas a ideia foi rejeitada. "A marca deve expressar a identidade da empresa", diz ele. "O nome Precisão remetia à venda de equipamentos e daria à escola a imagem de subproduto da loja."

Por isso, o nome Prepara parecia mais adequado do que Precisão, embora fosse um ilustre desconhecido do público. E dinheiro para divulgação não havia. "Sem caixa para mídia, fiz do preço baixo o chamariz para os clientes", conta Rogério. Além disso, a Prepara estreou oferecendo cursos básicos, de forte apelo para neófitos em informática, como Windows, Word e Excel, entre outros softwares utilizados no dia a dia. O aluno desembolsava, na época, 29,90, um valor acessível para jovens que davam os primeiros passos rumo à qualificação profissional.

Se o objetivo era ganhar escala, Rogério atingiu o alvo. Em dois meses de atuação, já tinha duzentos alunos. Em quatro meses, o número dobrou. Ao comemorar o primeiro ano de existência, a Prepara inaugurara outros dois endereços no interior paulista, em Votuporanga e São José do Rio Preto. Naquele momento, mais de 1500 jovens estavam matriculados em seus cursos.

O impulso para esse salto veio do preço baixo, que, por sua vez, foi sustentado por uma estrutura de custos magra e uma operação padronizada e facilmente replicável. Ainda hoje, o modelo se baseia em extrair a máxima produtividade dos recursos disponíveis, tanto financeiros e físicos como humanos. Ou para utilizar uma expressão já clássica: fazer mais com menos. Num espaço de cem metros quadrados, funcionando das oito da manhã às dez da noite, a Prepara atende até quinhentos alunos com apenas seis funcionários. "A empresa mantém os custos baixos porque o perfil do cliente exige essa contenção", afirma Arthur, da Endeavor. "É uma questão estratégica para ela." Os principais ingredientes do sistema desenvolvido pela empresa seguem a seguinte lógica:

- Instruções sobre operações repetitivas e simples foram automatizadas e são transmitidas por intermédio de simuladores, e não pelo professor. Por exemplo: num curso básico de computador, o aluno aprende a clicar o botão INICIAR com a simulação animada na tela. Ao instrutor, cabem tarefas como motivação, esclarecimento das dúvidas e estreitamento no relacionamento entre aluno e escola. Hoje, os simuladores utilizam recursos de vídeo e, em breve, vão incorporar elementos de realidade virtual. Assim, o número de professores é baixo, com impacto positivo nos custos.
- Não há turmas fixas. A carga horária é definida pelo aluno, respeitando sua disponibilidade de tempo e seu ritmo de aprendizagem. Para a Prepara, a vantagem reside no aproveitamento máximo do espaço físico das escolas.
- Alunos que se conhecem (irmãos, namorados, amigos etc.) sentam obrigatoriamente afastados uns dos outros. A regra evita que eles se distraíam e desviem a atenção durante a aula.
- Ao se movimentar entre as bancadas, o instrutor segue o Processo Ronda, um itinerário pré-estabelecido que incentiva o aluno a não chamá-lo com muita frequência, mas, ao mesmo tempo, torna sua presença visível.
- Em caso de dúvida do aluno, o professor deve se aproximar

com as mãos para trás, sinalizando que se limitará a transmitir verbalmente as instruções e não realizar, ele próprio, o procedimento. "O professor não toca no mouse do aluno", diz Rogério. "É um princípio pedagógico."

Hoje, um professor acompanha, em média, dez estudantes. Na prática, esse índice significa atendimento personalizado. Por outro lado, os custos são semelhantes aos do sistema educacional tradicional, em que um professor cuida de uma classe inteira. "O modelo híbrido desenvolvido por nós foi a maior inovação que a Prepara proporcionou ao mercado", afirma. "Desde então, não paramos de lançar coisas novas. Nosso maior trunfo é continuar surpreendendo a concorrência."

Como se vê, Rogério cultiva uma inquietude permanente, que, em vez de angustiar, alimenta o anseio em abrir novas frentes de atuação. Em seu caso, a ansiedade não paralisa e, sim, motiva. Os ciclos profissionais são breves, mas intensos. Isso explica por que, depois de apenas três anos de atividade, a bandeira da Prepara já se encontrava hasteada em sete unidades, todas próprias. E explica também por que Rogério considerava lento o ritmo de expansão da marca. "O crescimento era imperativo", diz ele. "O mercado não daria uma segunda chance."

Ele se refere ao incrível exército de brasileiros que, em poucos anos, migravam da classe D para a classe média e abriram as portas de um novo mercado consumidor no país. Ou a Prepara embarcava no trem naquele momento ou, plantada na estação ferroviária, se tornaria mera espectadora da viagem. Só que, mais uma vez, a empresa não tinha dinheiro para bancar os planos de expansão.

O franchising driblou a escassez de recursos. Em 2007, a rede de franqueados começou a ser formada com funcionários da própria companhia. A confiança, diz Rogério, vinha do relacionamento aberto que mantinha com a equipe. "Nos momentos mais difíceis, não se omita", aconselha. "Chame o time, apresente os problemas, revele as origens deles, abra os números e exponha as medidas tomadas para superá-los. Mais do que informação, dê perspectivas. Mostre que a recuperação da empresa significa a ascensão profissional deles." Graças a tal postura, em quase 25 anos como empresário, Rogério enfrentou apenas três ações trabalhistas, num país marcado pelo contencioso judicial. Um dos dois primeiros professores da Prepara ocupa atualmente a diretoria de marketing. Os seis primeiros franqueados foram ex-funcionários da Precisão ou da Prepara, que também indicaram outros interessados. O grupo inicial de trinta franqueados se formou a partir dessa rede de relacionamento. "Até o responsável pelas finanças da empresa aderiu ao sistema", orgulha-se. "O desenvolvimento do negócio está diretamente ligado à valorização das pessoas."

Não se trata apenas de pragmatismo, argumenta Rogério. Valores como esse vêm, afirma, de princípios do espiritismo, religião que adotou em 2005. "Há um forte componente social nela. Os espíritas acreditam em relações de longo prazo entre pessoas e buscam equilíbrio entre as diversas facetas da vida." A declaração remete Rogério à lembrança de um antigo curso feito no Sebrae, no qual ele representava o papel de um varejista. "Eu acreditava que o negócio era comprar mais barato e vender mais caro. Não importava o custo para os parceiros. O resultado é que, na simulação, meu fornecedor quebrou tamanha a pressão que exerci sobre ele", relembra. "O instrutor do curso me criticou. Afirmou que a postura não era sustentável. Discordei veementemente dele. Hoje, vejo que tinha razão."

Tais experiências contribuíram para o sistema de franquias. A prática do mercado é cobrar um percentual sobre o faturamento. Já a Prepara recebe um valor fixo mensal de 125 reais a título de royalties por cada computador utilizado pelo franqueado. Qual é a vantagem? "O franqueado conhece desde o início seu custo fixo. A partir daí, procura aproveitar ao máximo o equipamento", diz Arthur, da Endeavor. "Quanto mais alunos por computador, maior será sua margem. É uma relação mais transparente e permite maior planejamento."

Num primeiro momento, o modelo causou estranheza no setor. "Eu era o patinho feio do mercado", afirma Rogério, de forma divertida. A desconfiança se dissipou quando os primeiros resultados apareceram. "Os próprios franqueados garantiam para interessados que o sistema funcionava", conta ele. A partir daí, a expansão ocorreu aos saltos. De 2007 para 2008, a rede incorporou 150 novos pontos. De 2008 para 2009, outros cem.

E as dores do crescimento acelerado apareceram. A estrutura interna não acompanhou a evolução exponencial do número de escolas. "De fato, o apoio aos parceiros apresentava problemas. Era como abastecer o avião em pleno voo", compara. "Eu carregava dois celulares que tocavam sem parar. Não dava conta de atender a todos." Alguns franqueados passaram a se queixar. Antes que uma epidemia de desmotivação contaminasse a rede, Rogério recorreu ao antídoto clássico: comunicação. Primeiro, agendou uma convenção. Durante o evento, expôs a situação da empresa, os avanços obtidos e os passos seguintes. A seguir, chamou cada uma das "cinco lideranças negativas" para conversas particulares. Novamente, enfatizou as conquistas na curta existência da Prepara e desenhou o cenário futuro para a companhia. Encerrava o encontro com uma pergunta: "Sendo assim, o que você quer fazer a partir de agora?". Três deles permaneceram — e lá continuam até hoje. Os outros dois passaram o negócio adiante.

O relacionamento estreito com os franqueados é estratégico para a Prepara. O porte atual da companhia já não permite que o próprio Rogério "sinta o pulso do mercado", como fazia ao encostar no balcão da Precisão anos atrás. Agora, ele divide a função com os parceiros, o que é algo fundamental. Ali, nas salas de aula, junto aos alunos, eles identificavam as necessidades do público e desenhavam projetos para o futuro. "O cliente é o pai dos novos negócios", resume Rogério.

A proximidade com os alunos evita uma doença relativamente comum às organizações, identificada pelos americanos Paul Leinwand e Cesare Mainard em seu livro *The Essencial Advantage*. Segundo a dupla de consultores sênior da Booz & Company, "infelizmente, muitas companhias não prestam a devida atenção à coerência de seus negócios. Em muitas delas, a ideia de adequação é associada a se manter sempre no mesmo setor de atuação". Pois a Prepara é mais que fornecedora de cursos, como expressa sua missão: contribuir para o progresso pessoal e profissional de nossos alunos, capacitando-os para a realização de seus sonhos. Sua real atividade reside em acompanhar o aluno em diversas fases de seu desenvolvimento na carreira. O respeito a esse princípio agrega valor à empresa e possibilita estender a permanência do aluno no universo da Prepara (ou seja, "rentabilizar a base de clientes", se quiser utilizar o jargão do mundo corporativo). Incorpora-se o nome de 200 mil alunos ao cadastro da companhia anualmente. A cada dois anos, o CRM "lembra" a Prepara de entrar em contato com eles e oferecer um novo curso. "A empresa mantém contato permanente com os clientes, não deixa que se esqueçam dela."

A intimidade estabelecida com seu público é o berço de novos negócios para a companhia. Instrutores constataram que, para os alunos, os cursos de informática básica (Word, Excel, Windows etc.) eram vistos apenas como pré-requisito para ter uma profissão. Ou seja, ao concluir o treinamento, procurariam outra escola para se aprofundar e, aí sim, obteriam uma especialização. A Prepara se antecipou e lançou cursos profissionalizantes em diversas áreas, como saúde, administração, indústria e serviços.

Os educadores também perceberam certa dificuldade dos estudantes na compreensão de termos em inglês — o que abriu as portas para uma nova bandeira, a Aprenda Idiomas. A ideia surgiu em 2010, mas, para variar, não havia caixa para bancar a iniciativa. Rogério passou o chapéu entre os franqueados: quem quisesse entrar no negócio contribuiria com 7 mil reais para o investimento inicial. Em 2011, a nova escola começou a funcionar. Hoje, 13% das novas matrículas vêm do ensino de idiomas. O campeão de vendas é a "casadinha", que oferece dois ou mais cursos por valores menores. Com isso, o tíquete médio subiu para noventa reais, três vezes mais que os 29,90 cobrados nos primórdios da empresa.

A história se repetiu com o Ensina Mais, rede voltada para aulas de reforço. "Durante nossos cursos, notamos a deficiência dos adolescentes na interpretação de textos e nas operações aritméticas", diz Rogério. Em sua avaliação, os métodos educacionais clássicos, sem interação e avessos ao uso de tecnologia, levam à desmotivação do aluno. Por isso, os cursos do Ensina Mais são baseados em personagens, games e rankings, elementos presentes no universo dos jovens. Em menos de dois anos, o grupo vendeu 250 direitos de franquias da marca.

Ao mesmo tempo, a Prepara colocou no ar o Programa Mais Empregos, um portal de aproximação entre quem oferece e quem procura um posto de trabalho. É a prova de que o grupo não é apenas provedor de programas de treinamento, mas procura contribuir para o progresso pessoal e profissional dos alunos, como reza sua missão.

Por isso, entre os planos de expansão (que não são poucos) da companhia, estão incluídas atividades correlatas, mas não necessariamente de treinamento. É o caso de um mercado de livros, de cursos de preparação para concursos públicos e de programas para o mercado corporativo.

Rogério promete novidades, mas não tem pressa. Não se trata apenas de um estilo pessoal, mas de um compromisso documentado na própria visão da empresa, que pretende ser líder em educação e treinamento. Pode parecer muito, mas há 23 anos, quando era pouco mais do que um estagiário, Rogério Gabriel já sonhava em contratar seu chefe. Pode ter levado um tempo, mas ele atingiu seu objetivo. Portanto, é bom não duvidar de suas intenções.

UM RAIO X DO
GRUPO PREPARA

- **EMPREENDEDOR:** Rogério Gabriel
- **ANO DE FUNDAÇÃO:** 2004
- **FUNCIONÁRIOS:** 60
- **SEDE:** São José do Rio Preto-SP
- **O QUE FAZ:** Maior rede de cursos profissionalizantes do Brasil.
- **WEBSITE:** www.prepara.com.br
- **SONHO GRANDE:** Tornar-se a empresa líder em educação e treinamento no Brasil, com inovação e responsabilidade social, econômica e ambiental.

ROGÉRIO

4. PRÁTICA

> "Para mim, empreender é se superar. É ter uma visão e mobilizar todos os recursos necessários para transformá-la em realidade."
>
> ANDRÉ REZENDE

VISÃO DO MENTOR
RICARDO BARGIERI

FUI APRESENTADO AOS IRMÃOS André Rezende e Luis Eduardo Rezende da Prática no início de 2009. A Endeavor havia recomendado esse encontro por entender que a empresa passava por um momento de grande crescimento, que exigiria práticas de governança e gestão mais sofisticadas do que a administração familiar poderia oferecer. Em particular, aumentava a necessidade de melhorar os controles financeiros, de forma a garantir bases mais sólidas para suportar o crescimento nas vendas.

Pouco depois foi criado um conselho de administração, e, logo na primeira reunião, uma surpresa: os irmãos Rezende haviam contratado os serviços de um profissional com MBA em Harvard para fazer um plano de crescimento chamado de Prática 2015, e queriam discuti-lo com os conselheiros. Era um plano extremamente ousado, com propostas de crescimento em todas as áreas: crescimento orgânico, novos produtos, novos mercados, internacionalização... Se nos anos seguintes os números não foram integralmente atingidos, a mensagem pelo menos ficou clara: eles queriam crescer. Também ficou clara a visão dos sócios de que era preciso melhorar a governança e a gestão, no sentido de preparar a empresa para o futuro.

Com disciplina estratégica, e, às vezes, até um pouco de uma saudável teimosia, a Prática foi buscar o destino que traçara para si mesma. E se há uma palavra que define bem essa fase é coragem. Crescendo por volta de 25% ao ano, os sócios enfrentaram enormes desafios, com destemor diante dos riscos, e confiança absoluta na empresa e na visão de futuro.

O primeiro passo foi construir um time, que respirasse os mesmos valores dos fundadores: dedicação ao cliente, respeito, excelência, competitividade, colaboração, gratidão... Somado a investimentos da ordem de 5 milhões de reais ao ano, considerando fábrica, pesquisa e desenvolvimento e equipamentos, esse time hoje pode dar ao mercado produtos de qualidade indiscutível, mesmo com a carteira de pedidos se avolumando dia a dia, o que cria, algumas vezes, enormes dificuldades de atendimento. Em um cenário de baixo crescimento do PIB brasileiro, onde várias empresas lutavam para sobreviver, a Prática tinha, pelo contrário, um problema de excesso de pedidos. Um problema bom de resolver.

Talvez fosse mais fácil importar produtos da China, caminho trilhado por muitas empresas, para reduzir custos e investimentos. Ou fazer acordos de transferência de tecnologia para não ter que investir tanto e "apanhar" com novos produtos. Pois a Prática fez exatamente o contrário: nacionalizou produtos chineses, investiu em P&D e comprou equipamentos de última geração para se colocar entre as empresas mais competitivas do mundo no segmento.

Hoje a Prática é uma empresa moderna, com um parque industrial invejável e uma robusta carteira de clientes. Uma empresa que cria e fabrica produtos eficientes, para um mercado exigente. Uma empresa de brasileiros de sucesso, que certamente inspira tantos outros brasileiros. Um exemplo de coragem.

RICARDO BARGIERI é membro do conselho da Prática, foi conselheiro da Poit Energia, Cerracol na Colômbia e presidente do conselho da Jacuzzi no Chile, além de CEO da Diagnóstica, da Jacuzzi e da Yale La Fonte.

À PROVA DE APAGÃO

EM 2001, A PRÁTICA ERA UMA PEQUENA FABRICANTE de fornos para padarias e restaurantes em Pouso Alegre, pacata cidade no sul de Minas Gerais. Por ano, cerca de quinhentos produtos saíam de suas linhas de produção. Com dez anos de existência, empregava 35 funcionários e as contas nem sempre fechavam sem um pedido de ajuda aos bancos. "Vendíamos o almoço para comprar a janta", recorda André Rezende, fundador da empresa e atual controlador.

A vida já era difícil, mas se tornou mais dura quando, em julho daquele ano, o setor elétrico brasileiro entrou em colapso e o governo instituiu um sistema de racionamento para empresas e consumidores em geral. O preço do quilowatt/hora disparou e levou às alturas as despesas de setores altamente dependentes de energia elétrica, entre eles as padarias, principais clientes da Prática. Nada pesava mais no custo do pão nosso de cada dia do que a conta de luz. À primeira vista, era a sentença de morte para uma empresa que, ainda na infância, não havia desenvolvido sistema imunológico contra crises.

Mas, em menos de sessenta dias, a companhia desenvolveu, a partir do zero, um forno "flex", alimentado tanto por energia elétrica como por gás. Antes que a concorrência pudesse criar ou importar modelos semelhantes, a Prática já havia tomado a dianteira no mercado.

Atualmente, André afirma com convicção que aquele momento catapultou a Prática à liderança em sua área de atuação. "A partir daí, decolamos", resume ele. Desde então, em pouco mais de dez anos, a empresa mudou de patamar. Hoje, fabrica 8 mil fornos por ano, além de 2600 máquinas de panificação e 1200 equipamentos de refrigeração, com a marca Klimaquip. O faturamento em 2013 atingiu 111 milhões de reais e a geração de caixa chegou a 16%. Os fornos e equipamentos da empresa são vendidos em dezoito países ao redor do mundo. E a inovação se incorporou de vez ao espírito da empresa: cerca de 20% da receita vem de produtos lançados nos últimos dois anos. Números modestos diante dos ambiciosos planos de André. De acordo com sua visão, em 2020, a Prática será uma empresa de classe mundial e atuação global, ocupará um lugar entre as cinco maiores fabricantes do planeta e somará receitas de 1 bilhão de reais anuais.

O desempenho do passado e os projetos para o futuro atraíram a atenção de um investidor de peso. Em 2012, o BNDESpar, braço de investimentos do banco estatal de fomento, adquiriu participação de 10% da Prática e nela injetou 16 milhões de reais. A maioria do capital, 80%, pertence à Brava, uma holding familiar da qual André detém 70%, e seu irmão Luiz Eduardo, 30%. Os demais 10% estão nas mãos de um grupo de empresários portugueses. "Temos uma visão de forte crescimento e precisávamos de um parceiro importante como o BNDESpar, capaz de colaborar financeiramente, contribuir na gestão e oferecer um aval ao mercado", afirma André. "Nossos concorrentes são grandes grupos internacionais e só podemos enfrentá-los se tivermos musculatura."

Com a chegada do banco, veio um compromisso: preparar a empresa para um eventual IPO nos próximos anos. A arrumação da casa começou. A companhia já possui um conselho de administração, formado por um representante do BNDESpar, dois profissionais contratados e os dois irmãos. André, um engenheiro de produção formado pela Escola Politécnica da Universidade de São Paulo, avalia o embarque do BNDESpar como o sinal para o início de uma fase mais madura da companhia. "Já não somos uma start-up", observa ele. Em sua opinião, a presença do banco e dos conselheiros garante um equilíbrio em relação ao espírito ousado dele e do irmão. "O ideal é conciliar o ímpeto do empreendedor com a postura mais racional de investidores externos."

É uma mudança profunda, alertam especialistas. "Demanda divisão de poder e isso, muitas vezes, é um processo doloroso para o fundador", diz Renato Bernhoeft, um decano no estudo sobre empresas familiares no país e mentor da Endeavor. Mas trata-se de um esforço sobre o qual os irmãos falam abertamente. André revela desprendimento diante do sentimento de posse que, muitas vezes, domina empreendedores. E utiliza uma frase forte para expressar sua posição: "Eu trato o conselho de administração como se ele pudesse me demitir a qualquer momento", afirma. O irmão Luiz Eduardo demonstra visão semelhante: "Os conselheiros cobram muito, mas a presença deles reduz a solidão na tomada de decisões e leva a reflexões mais profundas".

A postura reflete uma concepção de André. "Intuição é importante e necessária, mas não suficiente. A preparação e o estudo são cruciais para o desenvolvimento de um negócio." André coleciona diplomas de cursos, afirmando ser um estudante em tempo integral. No Sebrae, percorreu "todo o ciclo" de formação de empreendedores. Anos depois, aprofundou os conhecimentos em estratégia na Fundação Dom Cabral, onde participou do programa Parceiros para a Excelência (Paex), que reúne companhias de médio porte para troca de experiências e desenvolvimento de modelos de gestão. Passou também um período em Harvard. Lá, conheceu (e conversou mais de uma vez) com John Davis, uma das principais autoridades em companhias familiares do mundo. Davis se tornou uma das referências de André no mundo corporativo, ao lado de Jorge Gerdau, acionista do maior grupo siderúrgico nacional, e Décio da Silva, um dos controladores da Weg, fabricante de motores elétricos de Santa Catarina. Os dois brasileiros têm em comum a origem (sul do país) e a opção pela internacionalização dos negócios. Ambos comandam grupos com elevado nível de globalização em suas atividades — e esse é um caminho que André olha com carinho.

André é do tipo visionário: satisfeito com os resultados obtidos; inquieto diante das vitórias ainda não conquistadas. "Ele se impõe a busca pela melhoria contínua", analisa Lucas Monteiro de Barros, gestor da Endeavor e responsável pelo acompanhamento da Prática. "Reconhece os avanços, mas não aceita zona de conforto." Calmo, de fala pausada e segura, André é cauteloso com as palavras. Observador, mantém certa distância dos interlocutores, sem, em momento algum, parecer desatencioso — aparentemente prefere ouvir a falar. É inevitável lembrar sua origem mineira. Ou que um de seus livros prediletos é *O príncipe*, obra considerada o marco inicial no estudo da ciência política em que o pensador Nicolau Maquiavel descreve ações e iniciativas que levam um líder (no caso, um príncipe) a conquistar admiração e respeito da equipe (no caso, os súditos) e, assim, legitimar o poder.

O irmão e sócio Luiz Eduardo guarda fortes semelhanças e diferenças profundas em relação a André. Luiz é mais expansivo. Detalhista, acompanha de perto cada fase do processo de produção, da matéria-prima ao despacho do produto final. Formado em engenharia mecânica pela Pontifícia Universidade Católica de Belo Horizonte, é apaixonado por aspectos técnicos do negócio ao qual se dedica. Até nos momentos de folga, a tecnologia está por perto: seu passatempo preferido é o aeromodelismo. "Não largo a engenharia nem quando estou descansando", brinca. Assim como André, é obcecado por conhecimento. Além de um MBA na Fundação Getúlio Vargas de Pouso Alegre, fez diversos cursos no Sebrae. Nas salas de aula, ouvia muitas perguntas. O que você faz? O que você oferece? Aonde quer chegar? "As respostas às questões nos levaram a definir a visão, a missão e os valores da companhia", afirma. "Graças a isso, identificamos o DNA da Prática. Não é algo espontâneo, pois requer reflexão", completa, numa clara sintonia com a opinião de André. A leitura de textos do consultor Vicente Falconi, um dos papas da administração no Brasil, representou outra descoberta para Luiz. *O verdadeiro poder* se tornou livro de cabeceira. "É caldo grosso", diz Luiz, numa linguagem tipicamente mineira para se referir à consistência da obra. "Ela me transformou como empresário."

Para os irmãos, o atual nível de organização da Prática reflete o aprimoramento obtido nas escolas de administração que ambos sempre frequentaram. "Nelas, adquirimos as ferramentas necessárias para administração de negócios", dizem. A Prática possui políticas e procedimentos que muitas corporações de grande porte não apresentam. "É uma companhia muito bem estruturada e, assim, adquiriu robustez para crescer", afirma Lucas, da Endeavor. Temas delicados como sucessão familiar e distribuição de lucros já são disciplinados por políticas internas. Por exemplo: uma parcela de 25% dos resultados é separada para pagamento de dividendos aos acionistas. Outros 5% são destinados à reserva legal e 30% compõem o fundo de resgate, recursos equivalentes a dois meses das necessidades da empresa. Para mexer nesse dinheiro, só em casos emergenciais e com autorização direta de André. "Caso contrário, acaba sendo incorporado ao capital de giro", pondera. "Com a reserva, ganhamos poder de barganha para negociar com os bancos." A fatia restante, 40% do resultado, é utilizada em investimentos na própria empresa.

A Prática também estabeleceu procedimentos para lidar com outro vespeiro: a questão familiar. Hoje, apenas um dos irmãos de André e Luiz trabalha na companhia, comandando a filial de São Paulo. Antes de assumir uma posição interna, familiares devem comprovar experiência em outra empresa. Mais: parente não pode chefiar parente. "Assim, evitamos a interferência emocional nas decisões", afirma André. Outra regra obriga que, aos sessenta anos, os acionistas se afastem da gestão e se mantenham apenas no conselho de administração, onde ficarão até os 75 anos no máximo. "A fila tem que andar", diz André.

A determinação coloca um desafio para a empresa — afinal, faltam apenas cinco anos para a despedida de André do posto de CEO. "Encontrar um substituto não é tarefa simples", analisa Lucas, da Endeavor. "André é um líder nato, legitimado pela história que construiu." Luiz é o nome natural para a sucessão. Já acumulou trunfos importantes para a posição — mas precisa conquistar outros, como aprofundar o conhecimento sobre as demais áreas da empresa. A seu favor, diz Lucas, possui um profundo domínio técnico do negócio. Os resultados obtidos à frente da área industrial lhe garantem liderança interna. "Ele tem a operação da empresa nas mãos."

Outra vantagem de Luiz: irmãos, ele e André cresceram no mesmo ambiente familiar e receberam influências semelhantes. A principal veio do pai, que ambos vêm como responsável pela semente do empreendedorismo que germinou dentro deles. Eurípedes Rezende vendeu lista telefônica, foi dono de posto de gasolina e atuou no mercado financeiro, onde se tornou um dos maiores captadores de recursos na década de 1970 para os projetos da Sudene. Além disso, montou uma fábrica de processamento de frutas, incorporou edifícios e trabalhou como corretor de imóveis. Quando os filhos saíram de casa para estudar (André, o mais velho, em São Paulo; Luiz, o caçula, em Belo Horizonte), carregaram na bagagem o legado do empreendedorismo paterno. Anos depois, esse espírito continuava vivo e se manifestou com intensidade, embora os dois tivessem ensaiado carreiras em outras companhias.

Logo depois de se formar, André trabalhou em duas empresas, a Engesa e a Brascom, antes de retornar a Pouso Alegre, já casado e pai de um filho. Na cabeça, a ideia de empreender, e essa foi a principal motivação para voltar à terra natal. Em conjunto com o pai, abriu uma espécie de loja de conveniência, com padaria, lanchonete e empório no mesmo espaço, num imóvel da família localizado na principal avenida de Pouso Alegre. Não prosperou. "Era uma atividade que exigia um tipo de dedicação e habilidade que eu não tinha", avalia André.

Foi o primeiro capítulo de uma longa sequência de negócios mal-sucedidos que consumiriam o dinheiro de André e parte do patrimônio da família. A seguir, fez a primeira incursão no setor industrial (ou "semi-industrial", como diz) e inaugurou uma serralheria. "Era commodity", explica. Só iria adiante com um nível de escala que o negócio jamais atingiu. Mais dinheiro perdido e outra empresa fechada.

A essa altura, os recursos da família haviam secado. Na próxima empreitada, André estava sozinho. Com algumas máquinas remanescentes da serralheria, passou a produzir e montar estantes de aço — outra bola fora. "Não tinha diferencial em relação ao que o mercado oferecia", analisa ele. Quebrado, André voltou ao mercado de trabalho. Durante dois anos, cumpriu expediente na JPX, a marca de jipes que Eike Batista criou antes de se tornar bilionário e depois desabar para a categoria de milionário.

A passagem pela fabricante de veículos deixou uma herança que perdura até hoje. Seu hobby preferido é percorrer trilhas ao volante de jipões 4x4. Nada que tenha abalado o sonho de empreender. Por isso, a Prática (esse já era o nome da fabricante de estantes) continuou aberta, ainda que num estado de quase hibernação. A experiência adquirida nos tropeços anteriores lhe dizia o que não deveria fazer: acreditar apenas em intuição e disposição de trabalho. Mas também lhe indicava o que poderia fazer: unir o conhecimento no ramo de padarias com a expertise na manipulação de chapas de aço.

A partir dessa ideia, André saiu a campo, conversando com padeiros, visitando varejistas do setor e caminhando pelos corredores comerciais especializados em máquinas e equipamentos em grandes cidades, como São Paulo. No périplo, colheu opiniões, ouviu queixas, farejou tendências — e identificou uma oportunidade. Havia uma lacuna no mercado de fornos para padaria. Os clientes se ressentiam da ausência de produtos compactos com preços competitivos e consumo de energia menor (lembre-se de que o equipamento era o campeão no ranking de custos nas padarias).

Corria o ano de 1995 e os primeiros fornos começaram a ser produzidos. Nos anos seguintes, André colheria os frutos da falta de preparo para gerir uma empresa. "Não tínhamos processos", conta ele. A fábrica, segundo sua própria descrição, não passava de um "barracão mal-ajambrado". Todas as decisões passavam por sua mesa, da compra de matéria-prima à entrega do produto; da contratação de funcionários à prospecção de clientes. André vivia preso a uma equação de duas incógnitas. Caso se dedicasse mais à organização interna, a área comercial ficaria desguarnecida. Por outro lado, se centrasse as energias apenas em vendas, a administração se tornaria mais capenga.

Dividido entre uma infinidade de tarefas, precisava de alguém de confiança com quem partilhar as decisões. A solução estava dentro de casa. Na ocasião, Luiz morava em Belo Horizonte. Formado havia alguns anos, trabalhava no grupo Algar, um das principais corporações do estado. Bom emprego, mas sem grandes perspectivas, na opinião de Luiz. Além disso, a semente do empreendedorismo começava a germinar. A decisão, porém, era difícil. Bem colocado profissionalmente, casado e com vida estável, a mudança implicaria um recomeço. Depois de uma conversa com a mulher, tomou o caminho rumo a Pouso Alegre em 1998 — e, como se diz, queimou as caravelas, ou seja, cortou qualquer laço que significasse a possibilidade de arrependimento. "Se vai entrar em um negócio, não entre timidamente", aconselha ele. "Entre de cabeça." O primeiro passo foi hipotecar o apartamento em que morava em Belo Horizonte. Arrecadou 70 mil reais e somou a esse montante o bônus recebido na saída do grupo Algar. Jogou tudo na Prática. Durante um ano, trabalhou sem salário e viveu da reserva acumulada. As jornadas de trabalho começavam às sete horas da manhã e se estendiam até nove horas da noite.

Assim, André ganhou tempo para tocar a área comercial. Mal parava em Pouso Alegre, correndo atrás de clientes e representantes, participando de feiras e convenções. Luiz cuidava das finanças e da produção, ou melhor, do "barracão mal-ajambrado". "Era realmente uma empresa de fundo de quintal, mais próxima de uma oficina do que de uma fábrica", recorda. "O mais urgente era investir na área industrial." Os irmãos correram ao BDMG, o banco de fomento de Minas Gerais, atrás de linhas de financiamento. Sim, poderiam conseguir um empréstimo, disse o gerente. Mas havia contrapartidas. Uma delas era matricular-se num curso no Sebrae chamado "Como administrar uma pequena empresa". Aos ouvidos de dois obcecados por desenvolvimento pessoal, a exigência soou como música.

A chegada de Luiz coincidiu com o início da diversificação. Em 1995, um cliente procurou André e perguntou se a Prática poderia desenvolver um forno para restaurante. Afinal, se a empresa já produzia fornos para panificadoras... "De fato, eram coisas correlatas", avaliou André. "Foi uma das mais acertadas decisões de negócios que tomamos."

Alguns números explicam o entusiasmo de André. O setor de refeições fora do lar movimenta algo em torno de 270 bilhões de reais no Brasil e cresce a um ritmo de dois dígitos anuais desde o início do século, segundo a Associação Brasileira da Indústria de Alimentos (Abia). As perspectivas continuam promissoras. Cada vez mais mulheres se incorporam ao mercado de trabalho e menos pessoas comem em casa; a renda no país se mantém em expansão; as dificuldades na mobilidade urbana incentivam a alimentação na rua. Mais: comparado a outros países, o Brasil ainda tem muito espaço de crescimento nessa área. Enquanto o brasileiro gasta 670 dólares por ano com alimentação em bares e restaurantes, os americanos, franceses e japoneses desembolsam 1900 dólares com esse item. Então, nada mais lógico do que oferecer equipamentos para o setor. Hoje, eles respondem por 47% das receitas do grupo — os demais 53% vêm de produtos de panificação.

Outro empurrão decisivo rumo à diversificação ocorreu em 2005. Durante uma feira internacional, André percebeu que concorrentes incluíam em seu portfólio outros equipamentos para cozinhas industriais e profissionais, como máquinas para esfriamento e congelamento instantâneos. "Isso tem muita aderência ao nosso negócio", raciocinou. De volta ao Brasil, saiu à cata de parcerias nesse campo. Nas andanças, encontrou uma empresa chamada Klimaquip. O dono, porém, não tinha interesse em parcerias. Queria, sim, vender o negócio. André e Luiz o arremataram em 2005 e o incorporaram à Prática. Três anos depois, fizeram o caminho de volta. Um grupo de empresários portugueses bateu à porta da Prática com uma proposta de compra da Klimaquip. Os irmãos não queriam vender, mas um aporte de capital seria bem-vindo, então passaram o controle para os investidores lusos por 5 milhões de euros, ficando com uma fatia de 40% da empresa. Em janeiro de 2014, a Prática comprou 100% do capital da Klimaquip, que voltou para seu controle. Como pagamento, os portugueses receberam uma parcela inferior a 10% da Prática. "Um de nossos desafios ao longo do ano é demonstrar que temos competência de fazer valer os benefícios da sinergia resultante da operação", afirma André.

Mais do que uma nova fonte de receitas, a entrada no mercado de refrigeração reforçou um conceito adotado pela companhia e conhecido nos meios acadêmicos como *one stop shop*. Em outras palavras, o cliente satisfaz todas as necessidades em um único local ou em um mesmo fornecedor. A Prática oferece mais de dez categorias de máquinas para panificação e, em cada uma delas, modelos para diversos tipos de aplicação. O mesmo vale para o setor de gastronomia. Isso sem contar as dezenas de acessórios disponíveis para os dois mercados. Internamente, cada negócio possui sua própria equipe. O cliente, no entanto, tem canal único para falar com a Prática. O portfólio variado permite uma freguesia igualmente diversificada. "Atendemos do barzinho da esquina à cozinha industrial da Ford em Camaçari; do dono do quilo ao Alex Atala", afirma André, com indisfarçável orgulho.

O *one stop shop* se constitui em vantagem comparativa, afirma Lucas, da Endeavor. "Talvez a empresa tenha que reduzir o portfólio para ganhar escala e concentrar mais energia naquilo que ela faz melhor", pondera. "Os sócios estão conscientes desse dilema. O benchmarking alemão pode ajudar nesse processo." Quando menciona benchmarking alemão, Lucas se refere à Rational AG, fabricante de fornos cujo faturamento atinge 350 milhões de euros anuais. "Todo empreendedor deve ter uma referência, seja na gestão, seja em tecnologia, seja no modelo de negócios", diz Luiz. "A Rational cumpre esse papel para nós."

A comparação com grupos internacionais é exigência estratégica. "Os concorrentes importam os melhores produtos do mundo para competir com os nossos", diz Luiz. Seguindo essa lógica, a conclusão é quase óbvia: a Prática pode enfrentar esse pessoal fora do país. Atualmente, a participação das vendas externas no faturamento é pequena, cerca de 5%. Na avaliação da Endeavor, talvez seja demais. "Pode levar o negócio à perda de foco", adverte Lucas. O assunto tem sido debatido no conselho de administração e a opinião de diversos membros tem sido a mesma. André não está convencido, e desfila uma série de argumentos. "As empresas do setor são todas internacionais. Esse é um caminho natural para nós", defende ele. Além disso, a exposição à concorrência externa empurra a companhia em direção à produtividade e à inovação. "A internacionalização é coerente com nossa visão de ser uma empresa de classe mundial", afirma André. O importante, diz, é estabelecer um teto para o risco e estar consciente do potencial de perdas que a empresa pode suportar. "Nesse assunto, sou mais movido pela visão de futuro do que pelos resultados financeiros que a internacionalização possa gerar neste ano ou no próximo", diz ele.

O destemor diante dos riscos (como demonstra a frase acima) foi alimentado pelo histórico de André, uma sequência de "tropeçar e levantar", como ele próprio afirma. O grande teste ocorreu com o apagão de 2001. "Naquele momento, as maiores virtudes da Prática se manifestaram", resume André. E quais são elas? Empenho absoluto, agilidade e inovação. A equipe de engenharia (formada por André, Luiz Eduardo e mais dois engenheiros) varou noites dentro da fábrica para dar conta da urgência do projeto.

Ao mesmo tempo, a Prática investia em modelos elétricos mais eficientes. Um deles, por exemplo, desligava automaticamente em horários de pico de consumo. Em compensação, garantia um custo até 40% menor. "O valor desembolsado pela padaria na compra do equipamento era recuperado em seis meses com a economia na conta de luz", diz André. O empresário também procurou distribuidoras de energia elétrica, como a Cemig. Obrigadas por lei a investir em programas de eficiência energética, as companhias viam com bons olhos os produtos mais econômicos da Prática e ajudavam a abrir portas de padarias. Antes "heroica", a cultura da inovação está agora integrada à estratégia da empresa. O departamento de pesquisa e desenvolvimento abriga cinco times de engenharia, cada um deles dedicado a uma família específica de equipamentos. Já a equipe de design atende a todas as áreas para garantir uniformidade à linha de produtos. Outro braço de P&D desenvolve aplicações para suprir as necessidades específicas de cada cliente.

Desde 2001, quando o apagão empurrou a empresa rumo à inovação, as vendas deslancharam. As receitas da Prática dobram a cada três anos. "Isso é resultado de uma forte intimidade com os clientes, que resulta em respostas muito rápidas às necessidades do mercado", diz Lucas, da Endeavor. Por exemplo, tendo em mente as fritadeiras elétricas que são campeãs de ibope nos programas de televendas, a Prática lançou o Ecofry, equipamento para uso profissional que utiliza a mesma tecnologia. Outro exemplo: ao perceber o crescimento exponencial do número de shoppings no Brasil, o time de desenvolvimento da empresa bolou o forno Express Gourmet, próprio para o uso em praças de alimentação, que exigem maquinário compacto, versáteis e de fácil manuseio.

Atualmente, a empresa faz pesquisas com a tecnologia de micro-ondas. Para isso, estabeleceu parceria com o Inatel, um dos principais centros brasileiros de desenvolvimento em telecomunicações, porque celulares, satélites e congêneres utilizam micro-ondas. "É o setor que detém o estado da arte dessa tecnologia", explica André. "Então, é lá que vamos buscá-la."

Para Lucas, da Endeavor, a busca incessante pela inovação explica muito sobre a ascensão da Prática no mercado. "Manter esse espírito é um desafio para os sócios", prevê. Anos atrás, o próprio André se dedicava à difusão da cultura junto ao quadro de pessoal. Hoje, com mais de quatrocentos funcionários, a tarefa tornou-se mais difícil. "Conto com o comprometimento dos líderes", diz André. Para isso, desenvolveu a missão, a visão e os valores da Prática. "Não podem ser enunciados teóricos e incompreensíveis para a equipe", adverte. Ele dá como exemplo a missão da empresa: "Levar qualidade e produtividade ao ambiente de preparo de alimentos". A frase, diz, significa que a alimentação saudável de milhões de pessoas e o sucesso dos clientes dependem dos produtos da Prática. "Assim conscientizamos nossos funcionários da importância de seu trabalho."

O mesmo se aplica aos valores da companhia, como "vontade de melhorar". "Imagine que cada um dos quatrocentos colaboradores melhore algo em seu trabalho uma vez por dia. Qual o impacto em uma semana? E em um ano? E em cinco anos?", explica André. A resposta poderia ser: juntos, garantirão a perenidade de um negócio cujo brilho nem mesmo um apagão será capaz de ofuscar.

UM RAIO X DA PRÁTICA

EMPREENDEDORES: André Rezende e Luiz Eduardo Rezende
ANO DE FUNDAÇÃO: 1991
FUNCIONÁRIOS: 210
SEDE: Pouso Alegre-MG
O QUE FAZ: Equipamentos de panificação com alta eficiência energética.
WEBSITE: www.praticafornos.com.br
SONHO GRANDE: Estar entre as cinco maiores empresas do segmento até 2020.

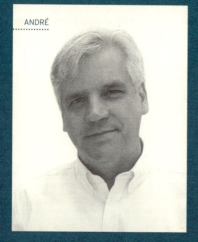

ANDRÉ

LUIZ EDUARDO

5. SIRTEC

"Queremos gerar bem-estar para as pessoas e propiciar condições para o desenvolvimento por meio de um serviço confiável e seguro."

DARCI SCHNEID

VISÃO DO MENTOR
JOÃO FARKAS

ESTAMOS TODOS EM BUSCA de desalienação e de significado no trabalho. Nas empresas, a procura por diferenciação e excelência está determinantemente focada nos talentos que ela atrai e na maneira como se organiza. Não apenas no que faz, mas como faz. Na cultura que se constrói através do que se valoriza, incentiva e pratica. Isto tem óbvios desdobramentos na construção da reputação de produtos e marcas, numa época em que a informação multidirecional penetra as entranhas e propaga cada gesto do outro. Uma época que transforma reputação, e, portanto, cultura, em ferramenta de criação (ou destruição!) e apropriação de valor para marcas e empresas.

Fazer parte da rede de mentores da Endeavor nos dá a oportunidade de conhecer e participar da história de empreendedores e empresas muito especiais. De repente nos ligam pedindo para atender um empreendedor lá das fronteiras do Rio Grande, que comanda uma empresa de desempenho excelente e crescimento acelerado, operando num setor considerado dificílimo. Assim conheci Darci Schneid. Sua questão na época tinha a ver com os enunciados da missão e da visão da empresa, considerados exageradamente pretensiosos, universais demais e sem especificidade. Numa breve investigação foi possível perceber que o insumo mais valioso para o desempenho excepcional da empresa é exatamente sua cultura: as relações com os colaboradores e a relação deles com aquilo que fazem, além das relações com seus clientes diretos e indiretos.

O que a Sirtec tem feito é prova de que negócio, marca, cultura e resultados são partes inseparáveis do todo. Ao transmitir seus valores e sua visão à equipe, Darci construiu uma empresa altamente diferenciada em uma atividade considerada "comoditizada", sem glamour, e aparentemente sem maiores probabilidades de criar um núcleo de excelência e impacto socioeconômico.

As ótimas intenções, a compreensão da dimensão social do negócio, as crenças e os valores altamente positivos de Darci estão em movimento na Sirtec e são a energia que tira a empresa da vala comum e impulsiona a equipe a "fazer mais com menos". O que eu disse a ele, depois de me aprofundar no conhecimento da Sirtec, foi que poderíamos mexer na redação da missão e da visão, mas que o mais importante (e o mais difícil) não são os enunciados, mas a capacidade da companhia de viver e tornar reais seus valores, sua visão e sua missão.

Colocar algumas frases na parede, fazer comunicados e falas bonitas, qualquer empresa pode fazer. Transformar intenções e valores em uma cultura sólida e construir uma empresa coesa, capaz de fazer melhor do que seus concorrentes, produzindo mais valor para seus colaboradores, clientes e acionistas, isto já é tarefa para um empreendedor diferenciado.

É o que fez Darci. É o que faz da Sirtec uma empresa excepcional, a ser estudada e entendida.

JOÃO PAULO FARKAS é especialista em *brand management* e sócio-fundador da Aximaz Branding.

A ENERGIA QUE VEM DA NECESSIDADE

ATÉ OS ONZE ANOS DE IDADE, o gaúcho Darci Schneid só tomava sorvete no inverno. Quando a temperatura caía para níveis próximos de zero em São Lourenço do Sul, no Rio Grande do Sul, ele apanhava uma caneca de metal, colocava suco de limão, açúcar e água e a deixava do lado de fora da casa durante a madrugada. Ao amanhecer, a mistura havia congelado e ele tomava rapidamente o sorvete antes que derretesse. Não era apenas farra de criança. A localidade onde Darci vivia não era abastecida por rede de energia elétrica, então as casas não tinham geladeira, TV, aparelho de som ou outras comodidades que hoje estão totalmente incorporadas ao dia a dia da maioria dos brasileiros, e os alimentos eram conservados em sal. Para quem ouve essa história, é inevitável relacionar os momentos de privação com o nascimento da Sirtec, a empresa fundada por Darci em 1989 e dedicada, em sua origem, justamente à implantação de projetos de eletrificação na área rural. Hoje, no entanto, o mercado da companhia é bem mais amplo. Além da construção de redes públicas e privadas (para indústrias, por exemplo), a Sirtec oferece serviços de manutenção para concessionárias de energia em áreas urbanas e rurais. O porte da empresa acompanhou o mesmo ritmo: são 1350 funcionários e faturamento na casa dos 100 milhões de reais.

Darci não faz relação direta entre as dificuldades na infância e a trajetória profissional na fase adulta. Só percebeu a íntima ligação entre dois momentos ao entregar as primeiras redes rurais e assistir à reação dos moradores de pequenas vilas gaúchas. Dos mais velhos, ouvia: "Meu filho, achei que ia morrer sem ter energia". Das crianças, recorda o brilho nos olhos ao ligar a televisão pela primeira vez ou simplesmente apertar o interruptor para acender uma lâmpada. "Nesses momentos, passava um filminho na minha cabeça. As recordações da minha infância apareciam nítidas e eu entendia minha identificação com o negócio", diz.

Esse depoimento ajuda a entender melhor a missão da Sirtec, resumida em uma frase: contribuir para o bem-estar e o desenvolvimento da humanidade. À primeira vista, parece generalista e pretensiosa. De tão acessível, a energia elétrica se tornou algo banal, corriqueiro a grande parte da população. Mesmo assim, todo mundo já teve que enfrentar uma queda de energia, ficando sem elevador, TV, banho quente, computador, música, e é só multiplicar o incômodo por dez, vinte, trinta anos ou a vida toda para ter empatia pelo outro. Para quem, como Darci, vivenciou pessoalmente a situação, a expressão "bem-estar e desenvolvimento da humanidade" nada tem de generalista e pretensiosa. "Ao contrário, é simples e precisa", afirma ele.

Não espere qualquer traço de sentimentalismo na voz de Darci ao narrar as agruras de uma vida de restrições na infância e na adolescência. Seu estilo é direto, metódico, sem alterações acentuadas no tom de voz, cartesiano até — uma herança da ascendência germânica, talvez. As exposições sobre o modelo de negócios da Sirtec e as principais decisões em sua carreira seguem uma lógica quase matemática, baseada numa relação de causa e efeito, com encadeamento claro e compreensível. Em momento algum, porém, ele deixa que a assertividade se confunda com arrogância, distanciamento ou ausência de visão estratégica. "Todo empreendedor precisa ter clareza de seus objetivos no longo prazo. O caminho até lá não será percorrido em linha reta, mas não se pode perdê-los de vista", filosofa. "Só assim é possível realizar o sonho recorrente de qualquer empreendedor: perpetuar sua empresa." Não é difícil entender por que seu livro de cabeceira é *Feitas para durar*, do americano Jim Collins.

Darci também poderia incluir a persistência entre os atributos necessários ao empreendedorismo. Em seu caso, ela se manifestou ainda na infância. Nascido em 1965, filho de uma família de pequenos produtores rurais, ajudava os pais nas lavouras de batata, amendoim, feijão e algumas hortaliças. A produção agrícola destinava-se, em sua maioria, ao consumo próprio. Era uma vida sem miséria, mas distante de maiores confortos, o suficiente para que o neto de alemães planejasse uma mudança para Pelotas, onde cursaria, a partir dos catorze anos, uma escola técnica. Um drama familiar por pouco não interrompeu seus planos. Quando tinha onze anos, Darci perdeu a mãe, vítima de câncer. A partir desse momento, o pai quis mantê-lo por perto. Afinal, o menino seria uma preciosa mão de obra para a lavoura. Estudar, portanto, não era a primeira opção.

Mas o pai cedeu em cima da hora. A inscrição no processo seletivo foi feita na tarde do último dia do prazo. Anos depois, ele confessaria ao filho que só permitiu porque acreditava que não seria aprovado nos exames classificatórios. Errou na previsão e nos quatro anos seguintes o jovem frequentou as salas de aula da Escola Técnica Federal de Pelotas, voltando nos fins de semana e nas férias a São Lourenço do Sul para ajudar o pai na chácara. A escolha pela especialização em eletromecânica foi casual, segundo Darci, e nada teve a ver com a privação de energia elétrica no passado. "O primeiro semestre era comum a todos os cursos. Sinceramente, não sei o porquê da escolha. Foi o que me pareceu melhor naquele momento", afirma, bem em seu estilo pragmático.

Logo depois de se sentar pela primeira vez nas cadeiras da escola, Darci começou a trabalhar. Primeiro, como monitor de professores. Depois, já nos últimos anos do curso, como estagiário na Prefeitura Municipal de Pelotas. Ali descobriu a importância da tecnologia. Pesquisas e estudos desenvolvidos nos laboratórios do colégio se transformavam em projetos implantados pela prefeitura. "O que era pensado na escola se transformava em melhorias nos processos de eletrificação, tanto na eficiência como nos custos", diz ele. "Essa lição me acompanha até hoje. Não há evolução sem inovação." Formado, Darci foi efetivado na prefeitura e lá ficou por mais quatro anos.

Até que, em 1988, ele foi procurado por representantes da prefeitura de São Borja, cidade gaúcha próxima à fronteira argentina e famosa por ser o berço político de personagens históricos como o ex-governador Leonel Brizola e os ex-presidentes Getúlio Vargas e João Goulart. A prefeitura da cidade precisava de alguém que pudesse tirar do papel projetos de eletrificação no campo. Fundamental para o desenvolvimento do agronegócio, a energia elétrica chegava a apenas metade da área rural do estado. "Havia um espaço enorme para a atividade", diz Darci. E, portanto, havia também um espaço enorme para um novo negócio, certo? Pois, não foi esse momento que lhe despertou o espírito empreendedor. Apenas um ano depois, a oportunidade saltou à frente de seus olhos.

Dois distritos de São Borja, Itacurubi e Garruchos, conquistaram a autonomia e se tornaram municípios. Emancipados, tinham muitas necessidades e poucos recursos. Com imensas áreas rurais, precisavam levar energia elétrica a sítios e chácaras de pequenos produtores. Com que dinheiro? Foi aí que Darci viu a oportunidade. Procurou as duas prefeituras e sugeriu um modelo para iluminar as regiões rurais. O município o contrataria para desenhar o projeto técnico e coordenar a implantação das redes elétricas, e a instalação seria feita em sistema de mutirão, formado pelos próprios produtores rurais, que também se responsabilizariam pela aquisição do material necessário — fios, cabos, disjuntores, postes etc. Darci também propôs se tornar revendedor de fabricantes desse tipo de material elétrico e, assim, facilitar o fornecimento aos moradores.

Proposta aceita, Darci iniciou uma maratona. Durante um ano, dava expediente na prefeitura de São Borja de segunda a sexta. Nos fins de semana, montava em sua moto e disparava rumo a Itacurubi e Garruchos. Lá, inspecionava o trabalho dos mutirões, metia a mão na massa (na verdade, no barro) e erguia postes, fazia ligações e emendava cabos. Antes de voltar a São Borja, deixava instruções sobre o que fazer, marcando os locais onde os moradores, ao longo da semana, deveriam cavar para a instalação de postes, por exemplo.

Desse período, Darci colheu alguns ensinamentos, que até hoje orientam sua atividade. Nos primeiros meses de vida, a Sirtec foi uma espécie de exército de um homem só — no caso, o próprio Darci. Havia trabalho suficiente para mais gente. Mas o quadro de funcionários só dobrou (ou seja, o primeiro profissional foi contratado) quando a empresa completou um ano e meio de existência. Até hoje, essa é uma de suas características. "A estrutura de uma empresa novata deve estar sempre um passo atrás do que parece necessário", afirma. A ideia é concentrar os esforços de contratação na atividade principal. A regra vale ainda hoje para a Sirtec. Dos 1350 funcionários, apenas 120 atuam em áreas de apoio. Os demais são técnicos, eletricistas, supervisores, enfim, o pessoal da linha de frente. Outro dividendo extraído do período de gestação da Sirtec foi a capacidade de montar e coordenar equipes em torno de um mesmo objetivo. Os mutirões eram formados por camponeses com seus próprios (e pesados) afazeres, o que não impedia que dedicassem parte importante de seu tempo à busca de um bem comum. Um terceiro ensinamento foi a importância de reinvestir tudo na empresa. Embora tenha conquistado clientes rapidamente, Darci manteve um estilo espartano na vida pessoal. "O talão de cheques que levo no bolso nunca tem o CNPJ da companhia", diz ele. Até 1996 (ou seja, sete anos depois de se tornar empresário), dividiu um apartamento com colegas de São Borja. A moto deu lugar a um fusquinha, que era utilizado para transportar material. O simpático veículo foi substituído por um caminhão, que, de tão velho, estava encostado na garagem de um concorrente. "Comprei barato e foi um salto de qualidade no atendimento aos clientes", diz ele. Somente em 2008, às vésperas da Sirtec completar vinte anos, fez a primeira retirada de dividendos e comprou a casa onde vive atualmente. Poderia ser um pouco antes, em 2006, mas na ocasião Darci identificou a necessidade de um software de gestão parrudo. "A empresa já tinha um porte razoável e as diversas planilhas e relatórios não conversavam entre si", conta ele. "Isso criava feudos, impedia controles mais rígidos e travava o crescimento." Darci tomou um susto ao ver o investimento necessário para implantar o Enterprise Resource Planning (ERP), como são chamados no jargão corporativo os sistemas informatizados de gestão. "Era muito dinheiro, muito mais do que tínhamos em caixa", lembra. "Se instalássemos, correríamos um risco financeiro enorme." Depois de noites sem dormir, resolveu bancar o projeto. Raspou o caixa e somou ao pé-de-meia pessoal. Como não era suficiente, deixou que a própria geração de caixa da empresa garantisse o restante. "Foi talvez a maior aposta que fiz em quase 25 anos de existência da Sirtec", diz ele. "E provavelmente a mais acertada." Para Felipe Gasko, gestor da Endeavor responsável pelo acompanhamento da empresa, até hoje o ERP é um diferencial da Sirtec. "São raros os concorrentes que possuem esse grau de organização", diz.

Até ali, o negócio havia prosperado graças aos trabalhos conquistados junto a prefeituras de cidades com orçamento modesto e a pequenos proprietários rurais, gente parecida com sua família. A Sirtec cresceu "na surdina", como diz seu fundador. De um lado, grandes clientes, como indústrias e municípios mais abonados, não a conheciam e, por isso, não a contratavam. De outro, os tradicionais fornecedores de redes elétricas não se interessavam pelos clientes miúdos que ela atendia. "Quando os concorrentes se deram conta, já tínhamos tamanho para enfrentá-los", conta Darci, sem disfarçar uma ponta de orgulho.

Ao ganhar mais musculatura, a empresa deixou de ser representante dos fabricantes de material elétrico, que lhe garantia margem de 5%, e passou a comprar diretamente deles, elevando a margem para algo entre 10% a 12%. O modelo também evoluiu. A Sirtec passou a oferecer serviço completo, desenvolvendo o projeto, fazendo todas as obras civis, instalando a rede e a entregando já funcionando, um sistema chamado *turn key* [gire a chave].

Os clientes chegavam em número cada vez maior, e desapareciam com a mesma velocidade. Afinal, com a rede instalada, a Sirtec deixava de ser necessária para eles. Mais uma vez, Darci deparou no dia a dia com uma sugestão dos manuais de administração: toda empresa precisa de receitas recorrentes. No caso da Sirtec, elas se esgotavam quando a "chave era girada". Isso gerava a obrigação de trazer novos clientes permanentemente, que, mais cedo ou mais tarde, não estariam na carteira da empresa.

Daí nasceu o que Darci considera outro negócio: a manutenção de redes elétricas. Muita coisa muda: arsenal de ferramentas, perfil dos funcionários, logística, dinâmica da operação (são 24 horas por dia, sete dias por semana) etc. Em 1994, surgiu o primeiro contrato com a distribuidora de energia elétrica do Rio Grande do Sul.

Analisada hoje, a decisão de ampliar o negócio foi correta. Cerca de 80% do faturamento da Sirtec vem dos serviços de manutenção. Houve, porém, duros percalços no caminho. No final dos anos 1990, o setor de distribuição de energia passou por um processo de privatização, que alterou fortemente a configuração do setor. As companhias estatais, únicas a atuar no país, deram lugar a grupos privados nacionais e internacionais. As áreas de atuação deixaram de ser limitadas obrigatoriamente pelas fronteiras estaduais. O Rio Grande do Sul, onde a Sirtec atuava, foi dividido em três — e cada parte passou a ser atendida por uma operadora diferente: AES Sul, RGE e CEEE. O impacto negativo nos negócios superou o imaginado pelo empreendedor. O contrato com a companhia estatal não foi automaticamente transferido para suas sucessoras. "O trabalho secou", diz ele. O faturamento desabou 90%. O enxugamento da equipe seguiu o mesmo ritmo: de 130 funcionários restaram 28. No entanto, a retomada foi relativamente rápida. Em dois anos, a Sirtec já havia retornado ao patamar anterior e hoje atende as três distribuidoras gaúchas.

O episódio, porém, deixou um importante legado para Darci. As pequenas empresas precisam acompanhar o cenário macroeconômico continuamente, avaliar seus efeitos sobre o negócio e procurar se antecipar a eles. "Mesmo que a solução seja um encolhimento brutal, como ocorreu em nosso caso", diz. A atenção deve ser redobrada no caso do mercado no qual a Sirtec atua, alerta Felipe, da Endeavor. "O setor elétrico tem alto grau de regulamentação", afirma. "Sempre estará sujeito aos humores de Brasília, o que torna o risco inerente ao negócio."

A privatização ampliou as oportunidades de expansão para a Sirtec. As distribuidoras, principais clientes da empresa, são avaliadas por indicadores definidos pela Aneel, a agência reguladora do setor elétrico no país, considerando quantas horas por ano o consumidor final fica sem luz ou o tempo entre a detecção de um problema na rede e seu conserto. Bons níveis de indicadores podem representar ganhos na revisão de tarifas. Índices ruins, por outro lado, significam pesadas multas. Por isso, as distribuidoras terceirizam o serviço de manutenção para empresas como a Sirtec. "Nós, os fornecedores, precisamos ser muito ágeis e eficientes no conserto das falhas e rapidamente reestabelecer o suprimento de energia para a população", afirma Darci. "Pode ser a diferença entre o lucro e o prejuízo para a distribuidora."

Aí reside a principal vantagem da Sirtec, avalia Felipe, da Endeavor. "É um setor de relações precárias", explica. "Em boa parte dele, predomina informalidade na contratação de funcionários, pouco treinamento e tendência a baixar custos em detrimento da qualidade. A Sirtec inaugurou um perfil no mercado, ao adotar práticas mais modernas de gestão." Alguns indicadores comprovam a afirmação de Felipe. Nas áreas atendidas pela Sirtec, equivalente a quase 40% do território gaúcho, os consumidores ficam em média dez horas por ano sem energia elétrica. Em todo o estado, esse índice sobe para 12,5 horas, enquanto no país salta para 19,3 horas. Por isso, prevê Felipe, a empresa gaúcha reúne condições para liderar o processo de consolidação no setor, que, mais cedo ou mais tarde, ocorrerá. "É um mercado maduro e só existe possibilidade de crescimento no âmbito geográfico", afirma. No entanto, "com exceção de algumas regiões mais distantes do país, essas posições estão ocupadas e será preciso conquistá-las de alguma empresa já estabelecida", aponta.

Nos últimos tempos, dois passos foram dados nesse sentido. Em 2012, a Sirtec incorporou a concorrente Schuch, também gaúcha. Mais recentemente, em agosto de 2013, fincou pela primeira vez sua bandeira fora do Rio Grande do Sul, ao conquistar um contrato de três anos no valor de 102 milhões de reais junto à EDP Escelsa, maior distribuidora de energia elétrica do Espírito Santo. A EDP tem como objetivo se tornar a melhor concessionária do país até 2020, segundo os critérios da Aneel. Por isso, passou um pente-fino em seu time de fornecedores, em busca de um salto na qualidade do atendimento e da manutenção. A Sirtec foi selecionada para isso.

A atuação em uma região distante da sede colocou um grande desafio para Darci e sua equipe: o conhecimento do mercado capixaba, sem perder a cultura estabelecida na operação gaúcha. Afinal, seria necessária a contratação de um significativo número de funcionários locais para atender ao novo cliente. A primeira providência foi promover uma migração de coordenadores e supervisores da empresa para o Espírito Santo. Além disso, a empresa contava com um bem-sucedido programa lançado cerca de três anos antes no Rio Grande do Sul — uma iniciativa que mesclava formação profissional e promoção social. A ideia surgiu numa reunião em que Darci ouvia, mais uma vez, um argumento contrário à expansão mais acelerada dos negócios: "Há carência de profissionais especializados". O empresário tomou então a palavra: "A partir de hoje é proibido falar em falta de mão de obra", lançando o programa de formação de eletricistas em comunidades carentes nas áreas de atuação da Sirtec. Os cursos são gratuitos e boa parte dos formandos passa a integrar o quadro de pessoal da própria companhia. Atualmente, 40% do corpo técnico vem do programa. "Existe grande senso de sustentabilidade nessa iniciativa", diz Felipe, da Endeavor. "A integração da ação social com o negócio é muito forte."

Os cursos também se tornam um canal de propagação da cultura da Sirtec. "O fator mais importante para bons resultados é o envolvimento dos funcionários. Um serviço rápido e bem-feito depende da disposição e da boa vontade deles", diz Darci. "É fator crítico de sucesso para esse tipo de negócio." O empreendedor faz questão de transmitir esse sentimento para todos os funcionários — e ele fala com cada um no momento da contratação. Para os eletricistas, pergunta: "O que você acha de sair de casa às duas horas da madrugada debaixo de chuva para subir num poste e emendar um cabo elétrico?". Se a resposta for "tudo bem" ou "não vejo problemas", um sinal amarelo se acende. "Ninguém gosta de trabalhar nessas condições, mas é inevitável. A motivação vem da consciência de que ele não vai emendar um cabo e, sim, possibilitar, por exemplo, que uma pessoa mantenha o respirador ligado, sem o qual não pode viver. O funcionário só vai trabalhar direito se entender esse significado", afirma, antes de concluir: "Emendar cabo é apenas a tarefa; o propósito é cumprir a missão."

Há instrumentos mais concretos para a motivação do quadro de pessoal, e o principal deles é um sistema de remuneração variável agressivo. Os funcionários são divididos em trezentas equipes, com dois a oito membros cada uma e metas definidas para cada semestre. Se forem atingidas, o bônus está garantido, desde que o Ebitda supere um patamar pré-determinado. Uma parcela de 10% do lucro líquido é destinada a esse programa. "A participação nos resultados é um dos ingredientes para desenvolver a cultura de inovação de uma companhia", afirma Darci.

A Sirtec não possui um departamento de pesquisa e desenvolvimento, mas cria uma série de novidades que garantem mais eficácia e produtividade nas operações de manutenção. A empresa desenvolveu um modelo próprio de caminhão com plataforma especial de fácil acesso ao solo. O eletricista nem precisa subir na carroceria do veículo para atingir a rede. As ferramentas estão dispostas de acordo com um sistema lógico — as mais utilizadas ficam mais próximas. Essas ideias só surgem com o que Darci chama de "mobilização a favor da inovação", ou seja, a busca permanente por melhorias.

Certa vez, em 2010, ele assistia na tevê a uma reportagem sobre o resgate dos 33 trabalhadores chilenos que passaram 68 dias soterrados a 701 metros de profundidade, um caso acompanhado durante mais de dois meses por espectadores do mundo inteiro. O equipamento utilizado no terreno rochoso para abrir o túnel que permitiu a retirada dos operários chamou a atenção de Darci. Volta e meia, a Sirtec era chamada a instalar postes em terrenos semelhantes e, para romper a camada de pedra, usava dinamite, um processo caro, perigoso e de forte impacto ambiental. A máquina usada no Chile parecia a solução, mas seu porte avantajado inviabilizava o deslocamento rápido de um local para o outro. A empresa necessitava de um equipamento que pudesse ser transportado na carroceria do caminhão. Darci visitou diversos fabricantes em busca do modelo ideal, em vão. Ele não existia no mercado. Até que a Atlas Copco, de origem sueca, topou a parada e desenvolveu uma versão específica para esse fim. A Sirtec se tornou a primeira cliente do produto na América Latina. Somente dois anos depois, o primeiro concorrente no Brasil adquiriu algo semelhante. "Durante esse período, tínhamos uma significativa vantagem comparativa nesse tipo de projeto", afirma Darci. A companhia nunca patenteou qualquer inovação. "Prefiro deslocar a energia e os recursos necessários para o registro na busca de novas soluções", afirma. "A cópia de boas ideias é inevitável, mas, quando ocorre, a Sirtec está um passo à frente, porque já criou algo que a concorrência ainda não tem."

Com base nesse conceito, Darci vê outras frentes de expansão para seu negócio. Um deles são Parcerias Público-Privadas (PPPS) para a gestão de sistemas de iluminação pública urbana. "Estamos fazendo alguns contatos nesse sentido", diz. Caso o plano se concretize, a Sirtec dará mais uma guinada em sua trajetória, assim como ocorreu há quase vinte anos, quando decidiu oferecer serviços de manutenção e deixou de atuar apenas na área rural. Mas, ao inaugurar um novo negócio, Darci terá a convicção de que, graças a ele, crianças poderão se deliciar com sorvete o ano inteiro, e não apenas quando a temperatura estiver próxima do zero.

UM RAIO X DA
SIRTEC

EMPREENDEDOR: Darci Schneid

ANO DE FUNDAÇÃO: 1989

FUNCIONÁRIOS: 1300

SEDE: São Borja-RS

O QUE FAZ: Construção e manutenção de redes elétricas.

WEBSITE: www.sirtec.com.br

SONHO GRANDE: Ser a maior e melhor empresa do segmento de infraestrutura elétrica do Brasil e faturar no mínimo 1 bilhão de reais até 2024.

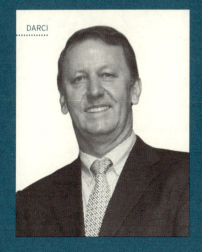

DARCI

6. TECSIS

> "O empreendedor tem sempre o propósito de ajudar no desenvolvimento do país. Cumpri essa missão."
>
> BENTO KOIKE

VISÃO DO MENTOR
PEDRO PASSOS

NOS ÚLTIMOS ANOS, na condição de membro do conselho da Endeavor, tenho acompanhado a trajetória da Tecsis e de seu fundador Bento Koike. Mesmo não sendo mentor direto da companhia, identifico em sua história alguns pontos que, na minha visão, podem servir de inspiração para outros empreendedores, além de provocar uma reflexão sobre nosso país e o desafio do desenvolvimento que se coloca diante de todos os brasileiros.

Um deles é a exposição internacional à qual a Tecsis foi submetida desde seus primórdios. O primeiro contrato da companhia foi firmado com uma fabricante alemã de turbinas eólicas. Até hoje, a maior parcela da produção da Tecsis é exportada, sobretudo para países europeus e os Estados Unidos.

A contínua exposição ao mercado externo requer das empresas níveis de produtividade e competitividade equivalentes aos padrões internacionais. Os clientes têm acesso a fornecedores do mundo inteiro e, assim, escolhem aqueles que oferecem o melhor produto por um preço compatível com sua qualidade e seu desempenho. A exigência por melhorias é permanente, assim como é constante a demanda por custos cada vez menores.

Atualmente, o principal cliente da Tecsis é a GE Energy, um

dos maiores conglomerados industriais do mundo. Apontada como referência em qualidade e gestão, a GE exige essa mesma excelência de seus fornecedores. O próprio Koike destaca, neste livro, a importância dessa saudável pressão, ao dizer que "cada cobrança gera um avanço na qualidade". É uma boa frase e seu conteúdo deve ser considerado por qualquer empreendedor como um incentivo à melhoria contínua. Ou seja, a busca por produtividade e qualidade precisa ser incorporada à cultura empresarial, e esse é o caso da Tecsis.

Outro traço que gostaria de destacar é o papel da inovação para a conquista de espaço no mercado competitivo e globalizado em que a empresa atua desde sua fundação. Como o próprio Koike conta, ele sugeriu a seu primeiro cliente que as pás fossem fabricadas com tecnologia aeroespacial e não naval, como era comum na época. Essa inovação seduziu o cliente em função do salto de qualidade e sofisticação que significaria.

Podemos extrair dois ensinamentos de tal passagem. Um: a inovação é fator decisivo na competitividade de qualquer empresa e para a economia de um país. Dois: a inovação não é fruto apenas de uma boa ideia, de uma "sacada". Esse pode ser o início de tudo, mas, na verdade, a inovação é um processo complexo, que demanda investimentos permanentes em pesquisa e desenvolvimento. Koike estudou no Instituto de Tecnologia Aeroespacial (ITA) e teve oportunidade de participar de dois projetos internacionais de intercâmbio em sua área de atuação. Isso não seria possível sem a existência de um centro de excelência como o ITA, a partir do qual se desenvolveu um vigoroso polo tecnológico e empresarial na cidade de São José dos Campos, no interior paulista. Replicar esse modelo para outros setores e outras regiões pode se tornar um vetor para o crescimento da economia do país.

Por fim, gostaria de chamar a atenção para um momento difícil na trajetória de Koike, mas importante para a formação de um empreendedor. Refiro-me ao estado de insolvência que a Tecsis enfrentou a partir de 2008 e que culminou com a venda de parte do capital da companhia. Enfrentar riscos e tropeços faz parte da vida de quem se dedica ao mundo dos negócios. Não esmorecer também. Pode se constituir num aprendizado importante e não apaga os méritos das conquistas anteriores, como revela a história de Koike e da Tecsis.

PEDRO PASSOS é cofundador da Natura Cosméticos e membro do conselho da Endeavor.

VENTO DE INOVAÇÃO

BENTO KOIKE É DESCENDENTE de uma linhagem de samurais surgida em tempos imemoriais no Japão, terra de origem de seus pais. Em seus arquivos, Koike guarda um documento herdado do pai no qual estão registradas dezoito gerações do clã. Dos guerreiros, o curitibano Koike não herdou a habilidade no manejo da catana, a temida espada utilizada na defesa dos xoguns, os senhores feudais nipônicos. Mas, em seu sangue, identificam-se claramente traços de disciplina, equilíbrio, resistência e, sobretudo, capacidade de extrair energia dos momentos de adversidade. "Vi meu mundo desabar mais de uma vez e aprendi que precisamos estar preparados para os maus momentos, pois neles estão as bases que vão garantir a retomada e o sucesso nos passos seguintes", diz ele. "Sempre tenha visão otimista." Desde 1986, quando abriu sua primeira empresa, Koike esteve três vezes à beira (bem à beira mesmo) da insolvência. Em cada uma delas, depois de um período de recuperação, reergueu o negócio e o deixou mais forte do que antes. Hoje, a Tecsis, empresa fundada por ele em 1995, fatura 600 milhões de dólares por ano, possui 15% do mercado global de pás para turbinas de energia eólica (tirando a produção chinesa) e é a principal fornecedora do produto para a GE Energy, a gigante americana líder nas vendas de equipamentos para usinas movidas a vento. Somadas, as turbinas eólicas com pás da Tecsis geram energia equivalente a 150% da produção da Usina de Itaipu, segunda maior hidrelétrica do mundo.

Com esse portfólio, a companhia chamou a atenção de gente importante ao redor do mundo. Em abril de 2012, Hillary Clinton, então Secretária de Estado dos Estados Unidos, dedicou à Tecsis três parágrafos de um discurso de recepção a Dilma Rousseff, durante visita da presidente brasileira ao país. Para a ex-senadora americana, a companhia representava o potencial de colaboração entre as duas economias e o poder transformador da educação. Dois anos antes, a *Economist*, a mais prestigiada revista de economia e negócios do mundo, definiu Koike como um dos "heróis globais" numa edição especial dedicada ao empreendedorismo. A publicação apontou ainda que a Tecsis nasceu já como uma empresa de classe mundial, pois disputou o mercado global e não limitou sua atuação ao território brasileiro desde os primórdios. Essa história fascinou os pesquisadores de Harvard, um dos principais núcleos de estudos na área de negócios dos Estados Unidos. De tempos em tempos, Koike é convocado para palestras sobre empreendedorismo em Boston. E em 2013 ele foi escolhido Empreendedor Global do Ano pela Endeavor.

O reconhecimento internacional, estampado no discurso de Hillary e nas páginas da *Economist*, é fruto de uma trajetória marcada por algumas crises profundas, que, entretanto, nunca foram fortes o suficiente para derrubar os alicerces erguidos anteriormente por Koike. O momento mais duro ocorreu em 2010, quando, sob o peso de uma dívida de 250 milhões de dólares, Koike tomou a mais "difícil decisão" na vida de um empreendedor: vender o controle da companhia. Na ocasião, quase 80% do capital foi transferido para a Estáter (uma boutique financeira com sede em São Paulo), o Unipar (tradicional companhia do setor químico) e o BNDES. Um grupo de bancos privados também converteu dívidas em participação acionária.

"A relação com a empresa é mais íntima do que com filhos", afirma Koike. "O filho tem seu caminho, sua vontade; é outro indivíduo. Já a empresa depende do empreendedor, porque é uma extensão dele. É uma relação mais visceral." Então, o que o levou a aceitar a venda? "O sonho de perpetuar o negócio se impõe. Não havia outro caminho. A sobrevivência da organização estava em xeque e, em situações assim, o controle acionário se torna secundário."

Esse é o estilo de Koike. Cauteloso, em um primeiro momento, afirma que pouco tem a falar. Na medida em que a conversa se desenrola, não se limita a empilhar fatos e datas referentes à sua trajetória. Busca conclusões, sistematiza ensinamentos e amarra situações até dotar sua história de um sentido lógico, coerente e, sobretudo, evolutivo. A linguagem elaborada e reflexiva pode ser explicada pela leitura diuturna dos textos do filósofo e matemático britânico Bertrand Russell, autor de *Retratos de memória*, livro de cabeceira de Koike. Ao morrer em 1970, vinte anos depois de receber o Prêmio Nobel de literatura, Russel desfrutava de ampla popularidade tanto junto à população como nos meios acadêmicos por sua habilidade em unir profunda capacidade analítica e ações práticas de forte repercussão na sociedade. Não se limitava ao papel de teórico; era também militante.

Koike, assim como Russell, considera a diversidade não um obstáculo, mas um ativo a ser utilizado nos negócios. "Ao deparar com dois mundos aparentemente diferentes, procuro aproximá-los e tirar o melhor de cada um deles", conta. Foi uma regra seguida desde a infância, quando ficou dividido entre a engenharia e alguma atividade de cunho artístico. O avô era escultor antes de emigrar para o Brasil no início do século XX. O pai ganhava a vida como pintor de painéis e placas em Curitiba. O próprio Koike teve, em sociedade com um amigo, um escritório de design publicitário. Ao mesmo tempo, demonstrava familiaridade com o mundo tecnológico. Aos quinze anos, montou na garagem de casa um submarino para duas pessoas, cuja base era formada por quatro grandes tambores de óleo. Apresentou a invenção numa feira de ciências do colégio e causou sensação. "Dei até entrevista para a televisão", recorda. Colocou o equipamento na água apenas uma vez e logo se desinteressou. "Descobri que a satisfação não vinha do mergulho, mas, sim, da concepção, do desenvolvimento e da fabricação."

O aparente dilema entre arte e tecnologia se desfez quando Koike estabeleceu sua própria definição para engenharia. "É a ferramenta para transformar em realidade o que é gerado pela criatividade", diz ele. Engenharia sem criatividade é repetição, acredita Koike; e criatividade sem engenharia é abstração. Juntas, elas formam a base para agregar valor ao negócio. "Sempre levei esse conceito para dentro das minhas empresas", afirma. Koike também encontrou contribuições nas duas culturas que o marcam: a japonesa, com seus códigos de disciplina e empenho no trabalho, e a brasileira, mais aberta e sem apego às tradições. A Tecsis, diz, extraiu elementos de ambos os estilos. "Os japoneses ficam absolutamente constrangidos se entregam algo que não está bom", diz ele. Daí vem o extremo rigor da empresa com a qualidade. Por outro lado, a flexibilidade herdada dos brasileiros lhe permitiu conviver e negociar com outros países, um fator de sucesso para uma empresa exportadora como a Tecsis.

Na adolescência, Koike já colhia elementos para seus futuros negócios. "Nunca cogitei ser funcionário", garante ele. "Sempre pensei em ter um empreendimento com base tecnológica." Assim, Koike deixou Curitiba para cursar engenharia aeronáutica no ITA, na cidade paulista de São José dos Campos, a cerca de cem quilômetros de São Paulo. Trata-se do principal centro de tecnologia aeronáutica do país e um dos mais prestigiados do mundo. No início dos anos 1970, foi o berço da Embraer, a terceira maior fabricante global de aviões. De suas salas de aula e seus laboratórios, sai a maioria do corpo técnico desse setor, além de fundadores de pequenas empresas de alto nível tecnológico.

"Koike une duas características que o tornam peculiar: forte conhecimento tecnológico e iniciativa nos negócios", afirma Marcos Simões, gestor da Endeavor responsável pelo acompanhamento da Tecsis. "Além disso, é muito voltado ao desenvolvimento das pessoas, o que o ajudou a ser um empreendedor de alto impacto."

Antes de dar o pontapé inicial nos negócios, Koike acumulou oito anos de pesquisas em materiais compostos para aplicação aeroespacial, como fibra de carbono, em centros de pesquisa como o Instituto de Aeronáutica e Espaço (IAE) e o Instituto Nacional de Pesquisas Espaciais (Inpe). Nesse período, visitava constantemente o Instituto de Pesquisa Aeroespacial, em Stuttgart, Alemanha, um polo de referência na matéria. A seguir, trabalhou, por um ano, como pesquisador no Canadian Communications Research Center, em Otawa, que firmara parceria com o Inpe. Em 1986, apareceu, enfim, a oportunidade de colocar em prática o conhecimento adquirido em quase uma década de estudos. A Aeronáutica buscava o desenvolvimento de soluções nacionais na área aeroespacial e incentivava a criação de pequenos fornecedores de capital brasileiro e com alto nível tecnológico — uma tentativa de replicar o bem-sucedido modelo utilizado na concepção da Embraer.

Uma das demandas era a fabricação de componentes utilizados em motores de foguetes, utilizando materiais de última geração, como a fibra de carbono. Koike se uniu a seis colegas do ITA e, juntos, fundaram a Composite. A empresa cresceu rapidamente. Afinal, tinha bons contratos com o governo e domínio de tecnologia em seu campo de atuação. Faltava, é verdade, conhecimento sobre gestão por parte dos acionistas, e nenhum deles se preocupou em buscar gente no mercado que suprisse a lacuna. Lacuna fatal, diga-se. Em 1994, apenas oito anos após a fundação, a Composite tinha o futuro irremediavelmente comprometido por um descompassado no fluxo de caixa. Com a inflação na casa dos 30% mensais, os pagamentos do governo eram feitos com atraso e sem correção integral (quando eram feitos). Por outro lado, os impostos e demais custos, como salários, estavam indexados ao custo de vida. Em resumo, as dívidas subiam na velocidade de foguete, enquanto as receitas entravam a passos de tartaruga.

Como diretor-geral, Koike enfrentou momentos de profunda angústia. Sem dinheiro, a Composite deixou de pagar impostos. Em certos meses, o caixa da empresa não tinha recursos sequer para bancar o salário dos trezentos empregados. No mercado, as linhas de financiamento secaram. Koike chegou a levar um brigadeiro da Aeronáutica a uma agência bancária para que ele confirmasse que a Composite tinha, sim, créditos a receber do governo e, por isso, os atrasos dos pagamentos ao banco eram involuntários. Aos poucos, o patrimônio pessoal se converteu em capital de giro da companhia. Foi um processo longo e desgastante que levou os sócios a uma reflexão sobre o destino profissional. Os projetos de cada um apontavam em direções diferentes. Alguns seguiram atuando no programa espacial. Outros iniciaram carreiras em grandes empresas. Koike se manteve no caminho do empreendedorismo.

Ao deixar a Composite, carregava a "autoestima abalada e um questionamento se tinha capacidade para fazer um empreendimento de sucesso", de acordo com ele próprio. Mas, coerente com sua visão otimista e disciplinada, havia anotado em um caderno os erros cometidos pela Composite. A ideia era não repeti-los em um futuro negócio. Das anotações, feitas em letra miúda e caprichada, Koike destaca três.

- DEFINA CLARAMENTE AS RESPONSABILIDADES

Na Composite, as decisões eram tomadas por comitês — um sistema democrático, mas pouco eficiente, pois a responsabilidade ficava diluída. "O correto é que haja sempre um responsável para cada decisão tomada na companhia", afirma Koike. "Em qualquer nível da empresa, toda decisão deve ter um dono claramente identificado."

- **ALINHE OS ANSEIOS DA EQUIPE COM OS OBJETIVOS DA EMPRESA**

Num contrato firmado com o Metrô de Brasília, a Composite enfrentou sérios problemas com a qualidade das peças. "Perdemos muito dinheiro com devoluções e retrabalho", recorda Koike. O empresário chamou os quarenta profissionais envolvidos com o projeto, anunciou a demissão de todos e a imediata recontratação de quem aceitasse um novo regime de remuneração variável de acordo com o volume de peças fabricadas e aceitas pelo cliente. A nova regra poderia significar um aumento substancial ou uma redução forte nos rendimentos, dependendo da dedicação e da produtividade de cada um. "Parte da equipe passou a trabalhar muito mais motivada e com remuneração maior. Outra parte não se adaptou e deixou a companhia. Os problemas de qualidade desabaram", diz Koike. "Entendi na prática a força de meritocracia." Mais: o modelo de gestão deve criar um ambiente que provoque o alinhamento entre as expectativas das pessoas e os objetivos da empresa. "Os resultados são consequência desse modelo", diz Koike.

- **NÃO TENHA MEDO DE SE EXPOR AO MERCADO**

Na Composite, o governo era o principal cliente. Na Tecsis, a GE Energy desempenha esse papel e estabelece um padrão internacional, no mais elevado nível de exigência. "Isso cria uma pressão positiva e permanente por melhorias", afirma Koike. "Cada cobrança gera um avanço na qualidade." Não pense pequeno, recomenda. "Em vez disso, pense que se sua empresa atende a GE pode atender qualquer companhia no mundo."

Em 1995, Koike tinha essas ideias na cabeça, mas não uma empresa onde aplicá-las, tampouco sabia em que setor atuaria. Para entender como foi parar no setor de energia eólica, é preciso voltar no tempo. A indústria do vento apareceu em pílulas ao longo de sua carreira. No trabalho de conclusão de curso no ITA, um colega o convenceu a desenvolver uma turbina eólica e, juntos, concluíram o projeto e construíram alguns dos componentes mais importantes do catavento. O esforço garantiu a aprovação pela junta examinadora. Durante seu primeiro trabalho depois de formado, no IAE, Koike participou da equipe brasileira de desenvolvimento de uma turbina eólica, projeto coordenado pelo Instituto de Atividades Espaciais da Alemanha. Sua missão na parceria foi apoiar o projeto e a fabricação das pás. "Fabricamos uma versão de onze metros, avançada para a época", conta. "Hoje, elas têm mais de sessenta metros."

Em 1995, Koike viajou à Europa em busca de negócios. A primeira reunião, na Dinamarca, não deu em nada. Antes de voltar, ele se lembrou de alguns contatos na Alemanha, mudou o roteiro e visitou um fabricante de turbinas eólicas, a Enercon. Embora não estivesse marcada, a reunião com o fundador da companhia, Aloys Wobben, se estendeu por três horas. No encontro, o brasileiro disse o que o alemão queria ouvir. A Enercon tentava terceirizar parte da produção de pás, mas o fornecedor alemão contratado para esse fim não conseguia dar conta das encomendas. Koike, em contrapartida, se comprometeu a entregar produtos sob medida. Além disso, graças ao aprendizado acumulado no ITA e no IAE, sugeriu o uso de tecnologia aeroespacial, muito mais sofisticada e com padrão de qualidade superior ao da indústria naval, na qual a concorrente alemã se inspirava para seu processo produtivo. As inovações soaram como música aos ouvidos de Wobben, e Koike saiu de lá com um contrato experimental (o primeiro da Tecsis) de 1 milhão de dólares, valor que incluía um adiantamento imediato e o fornecimento de matéria-prima. No dia seguinte, o alemão embarcou o material em um navio rumo ao Brasil.

De volta ao país, Koike alugou um galpão enorme em Sorocaba, embrião de um enorme complexo industrial que hoje se estende por 800 mil metros quadrados, sendo 250 mil de área construída. A escolha foi mais fruto da necessidade do que de planejamento logístico. Não havia espaços disponíveis em São José dos Campos, onde Koike morava, tampouco na vizinhança. "Só achei galpão em Sorocaba", diz ele. Assim como um goleiro, um empreendedor precisa de sorte. E Sorocaba se revelou um ponto logístico privilegiado. Localizada a menos de cem quilômetros de São Paulo, a cidade é bem servida pela malha rodoviária do estado (para os padrões brasileiros) e oferece um razoável acesso ao porto de Santos, por onde a produção é escoada.

Eis uma etapa particularmente desafiadora para a Tecsis. Pás para turbinas eólicas são peças gigantescas — o comprimento atinge sessenta metros, o equivalente a um edifício de vinte andares. O peso supera doze toneladas. Com visual semelhante a asas de aviões, elas são produzidas com materiais de alta tecnologia como resinas reforçadas com fibra de vidro. São resistentes para suportar duras condições climáticas e, ao mesmo tempo, frágeis, pois podem ser facilmente danificadas em sua superfície, o que compromete a precisão e, por tabela, o desempenho. Assim, as condições das estradas e avenidas brasileiras com tráfego intenso, buracos e asfaltos ondulados se transformam num risco permanente. A manipulação na hora de embarque em navios também requer cuidado especial. A Tecsis desenvolveu um sistema inédito de embalagem, que garante proteção no transporte das pás. A operação de transferência dos caminhões para navios é inteiramente padronizada. Os pallets possuem pontos de içamento e encaixe, que permitem o empilhamento das peças, de forma a evitar deslocamento durante a navegação e a ocupar o menor espaço possível — o que barateia o frete marítimo.

O sistema é protegido por quarenta famílias de patentes em todo o mundo, o que não impede que os concorrentes "se inspirem" no modelo da Tecsis. "Hoje, as pás no mundo são transportadas de maneira semelhante à nossa", diz Koike. "Encontramos uma solução para um dos gargalos do mercado."

Tão logo as primeiras pás ficaram prontas, o próprio Wobben, dono da Enercon, desembarcou no Brasil para visitar a fábrica de Sorocaba e decidir se a parceria seria estabelecida. "Ele ficou maravilhado com o que viu", recorda Koike. Uma frase do alemão ficou marcada na memória: "São as melhores pás que já vi". Naquele momento, a Tecsis atingiu o estágio proposto pelo americano Philip Kotlter, consagrado especialista em marketing, para perpetuar um negócio: "Não basta satisfazer o cliente. É preciso encantá-lo".

Em dois anos, a Tecsis já fabricava 80% das pás utilizadas pela Enercon. Mais: o grupo germânico decidiu instalar uma fábrica de turbinas num terreno vizinho na mesma cidade. "Graças a nosso trabalho, atraímos investimento estrangeiro de porte para o mercado brasileiro", diz Koike. "O empreendedor tem sempre o propósito de ajudar no desenvolvimento do país. Cumpri essa missão."

O "encantamento" exercido sobre a Enercon gerou uma reação inesperada. Cerca de três anos depois do início do relacionamento entre as duas companhias, Wobben apareceu no escritório de Koike com uma proposta para compra da Tecsis. O assédio de um grupo internacional era, sem dúvida, um fator de orgulho. Mas havia dois problemas. Um: Koike não tinha vontade nenhuma de se desfazer do negócio. "Eu estava certo do enorme potencial da Tecsis. Havia muito a construir", afirma ele. Dois: como dizer não ao principal cliente, responsável por mais de 80% do faturamento da empresa, sem comprometer a relação comercial?

Os desdobramentos mostram que não havia resposta satisfatória para a pergunta. A Enercon não assimilou a recusa e passou a exercer fortes pressões sobre o então fornecedor. O relacionamento ficou tenso. Em alguns meses, Koike estava diante de um dilema cuja solução seria necessariamente dolorosa. Se rompesse com o cliente, colocaria em risco a existência do empreendimento. Se vendesse, abriria mão do projeto no qual acreditava profundamente. Mais uma vez, à semelhança do que havia ocorrido durante o ocaso da Composite, o empresário viu de perto o significado da palavra "aflição". E definiu mais uma regra de conduta. "Não se livre do problema; esse é o caminho mais fácil. Procure resolvê-lo, pois esse é o caminho virtuoso", afirma ele. E a virtude, naquele caso, indicava o rompimento com a Enercon e a manutenção da Tecsis sob seu controle. Ao conhecer a história da empresa, Marcos, da Endeavor, considerou que essa foi uma das mais acertadas decisões do empreendedor. "Ele percebeu que no futuro o cheque poderia ser bem maior", afirma.

O "divórcio" em 1999 foi amigável, garante Koike, e o preço pago se revelou altíssimo. Sem o principal cliente, a companhia encolheu drasticamente e o número de funcionários caiu de seiscentos para pouco menos de cem. Havia, no entanto, boas perspectivas. A Tecsis mantinha um contrato de fornecimento, ainda embrionário, com a Zond, fabricante americana de turbinas eólicas, o que representava uma porta de entrada para os Estados Unidos, um mercado rico e pouco explorado. A felicidade, mais uma vez, foi fugaz. Logo, a Zond foi vendida para a Enron Wind. Isso mesmo, a Enron Wind pertencia à Enron, maior operadora norte-americana de energia que foi à bancarrota em 2001, ao protagonizar um dos maiores escândalos corporativos na história do capitalismo.

Na ocasião, Koike ouviu um apelo do vice-presidente do cliente: que não interrompesse a entrega de pás, pois a continuidade na produção de turbinas era a única chance de sobrevivência da Enron Wind. Do ponto de vista financeiro, não era bom negócio. Os pagamentos atrasavam e o fluxo de caixa da Tecsis sofria. "O relacionamento pessoal é a base do relacionamento entre as empresas", diz Koike. "É preciso estabelecer um clima de confiança e reforçá-lo nos momentos de crise. O retorno virá em algum momento." E o desastre anunciado não se confirmou. A GE Energy incorporou a Enron Wind. Após a aquisição, aquele vice-presidente assumiu a vice-presidência de operações do novo negócio da GE. A confiança mútua gerada por esse episódio facilitou muito o relacionamento inicial entre as empresas.

Assim, de uma hora para outra, a Tecsis passou a ser fornecedora do gigante americano. Apesar da empatia entre o executivo e Koike, a relação com a GE, empresa com estrutura enorme e complexa, precisava ser construída praticamente a partir da estaca zero, o que não impediu que uma fase de prosperidade tivesse início. Entre 2000 e 2008, as receitas cresceram 70% em média ao ano. No início do segundo semestre de 2008, a expansão acelerada e consistente despertou a atenção de investidores. Koike negociava a venda de 10% do capital para um fundo de investidores americanos. Ao mesmo tempo, o Banco Mundial colocou à disposição uma linha de financiamento de 120 milhões de dólares. Como se tratava de uma dívida em dólares, buscou proteção financeira (hedge) contra variações bruscas no câmbio, e optou, seguindo recomendações de grandes bancos, por uma modalidade baseada em derivativos. Complexa, a operação atraiu, na época, um número crescente de empresas, pois também possibilitava ganhos significativos no mercado cambial. Estavam nesse time organizações do porte da Aracruz e da Sadia. Para muitas delas, os derivativos tinham caráter especulativo. A Tecsis, por sua vez, procurava exclusivamente a proteção cambial.

O plano ruiu antes de sair do papel. Em 15 de setembro de 2008, o Lehman Brothers, um dos mais antigos e prestigiados bancos dos Estados Unidos, fechou as portas, vítima do estouro da bolha imobiliária no país. A quebra lançou a economia mundial na mais grave crise desde o crash de 1929. O dólar no Brasil disparou e trouxe à tona os efeitos nocivos dos derivativos. A contaminação da Tecsis, assim como ocorreu com Sadia e Aracruz, foi imediata. "Eram papéis extremamente tóxicos", compara Koike. O endividamento deu saltos olímpicos a cada valorização do dólar. Resultado: de um dia para o outro, o patrimônio líquido se tornou negativo. Antes disso, a saúde financeira era invejável. A relação entre dívida e Ebitda era de 0,8, índice considerado muito baixo. Com a brusca mudança no cenário, Koike voltou ao BID e ao fundo para avisar que as operações não deveriam ir adiante, pois os fundamentos da empresa haviam se alterado drasticamente. "Perdemos, é claro, o financiamento e o investimento", diz Koike.

Pior: com a crise, as encomendas de pás despencaram. Em 2009, o faturamento chegou a 400 milhões de dólares, contra a previsão inicial de 800 milhões de dólares. No ano seguinte, ficou em apenas 250 milhões de dólares, enquanto a estimativa era de 400 milhões de dólares. O abalo nos negócios pegou Koike num momento de transição na vida pessoal — ele se recuperava do período de separação da esposa, com quem teve quatro filhos. "Foi uma tempestade perfeita", diz ele.

Como reagir a essa situação? A primeira resposta de Koike foi fé. A filosofia japonesa e o apego à espiritualidade recomendam olhar para as possibilidades do futuro e não para as agruras do presente. Foi o que garantiu equilíbrio emocional nos momentos mais tensos daqueles anos.

Koike se casou pela segunda vez e foi pai de mais dois filhos. Nos negócios, abriu várias frentes. Com ajuda de um amigo do setor financeiro, renegociou prazos e correção das dívidas junto aos bancos. Mesmo sem receber em dia, situação que perdurou por um ano e meio, os fornecedores garantiram a continuidade do abastecimento. Já a GE antecipou os pagamentos para cinco dias, cobrando deságio de quinze dias — um procedimento semelhante ao adotado por Koike por ocasião da quebra da Enron. A estrutura sofreu um forte ajuste. Um terço dos 3 mil funcionários foi dispensado.

Para enfrentar a crise, a arma mais poderosa é a comunicação, aprendeu Koike. "Nesse momento, os comunicados precisam ser transparentes e coerentes para todos os públicos", afirma. "Existem todas as razões para você entrar em pânico. Mas não pode se deixar levar por ele. Não pode, por outro lado, romantizar a situação. É como uma prova de Fórmula 1. O piloto sabe que passará a trezentos quilômetros por hora a dois centímetros de um muro de concreto, não tira o pé do acelerador e não entra em pânico. Caso contrário, perde o controle do carro."

As mudanças promovidas estancaram a sangria, mas não foram suficientes para restaurar o equilíbrio financeiro. Em 2011, o patrimônio negativo atingia mais de 200 milhões de dólares. As dívidas líquidas somavam 400 milhões de dólares. A Tecsis continuava sedutora aos olhos dos investidores. Possuía um valioso conjunto de ativos: parque industrial eficiente, produto de altíssima tecnologia, preços competitivos e reputação global. Marcos, da Endeavor, acrescenta outros dois ativos: design e engenharia de materiais. Esse conjunto atraiu, em meados de 2011, um grupo de investidores que arrematou perto de 80% do capital da companhia. O aporte foi superior a 300 milhões de dólares, a maior parte referente a dívidas convertidas em participação acionária. Já no ano seguinte, a empresa voltou a ostentar patrimônio líquido positivo, assim como geração de caixa. "A entrada dos investidores foi um aval à reputação e ao vigor da Tecsis junto ao mercado", avalia Koike. "Saímos fortalecido do episódio, pois mostramos que somos capazes de resistir a uma tempestade perfeita."

Essa característica foi reconhecida na montagem do novo time de comando na companhia. Alguns diretores vieram do mercado. Duas funções estratégicas, a presidência e a diretoria técnica, ficaram nas mãos de profissionais oriundos do quadro de pessoal. Koike se deslocou para o conselho de administração. "Meu tempo era consumido pelo dia a dia", diz. Livre das tarefas mais cotidianas, voltou a se dedicar a restaurar o DNA da organização, a base sobre a qual ergueu, a partir do zero, uma empresa de classe mundial, com produtos no estado da arte tecnológica e dona de um faturamento de 700 milhões de dólares. Mais: um empreendimento que se tornou um dos maiores exportadores do país.

Há desafios no horizonte da empresa, pondera Marcos, da Endeavor. O mercado de energia eólica tem ciclos de investimentos. "É um sobe e desce constante. Quando ocorre um acidente como o da usina nuclear de Fukushima ou o preço do petróleo dispara, a demanda sobe", diz ele. "Em momentos de retração econômica, como aconteceu em 2009 e 2010, ela cai." Existe, ainda, a resistência de alguns ambientalistas à energia eólica, apesar de sua imagem amigável à ecologia. Para esses críticos, o movimento das pás altera regimes de vento, com impactos negativos na fauna e na flora. Koike rebate: "No futuro essas preocupações cederão espaço a argumentos científicos. As críticas não se sustentam diante de uma análise mais técnica".

Ao longo dos anos, Koike se tornou um estudioso e defensor da sustentabilidade e do papel das empresas nesse campo. A experiência na academia e na Tecsis também colocou a tecnologia e o empreendedorismo em seu leque de interesses. Agora, ele partirá para novos projetos, coerente com sua história. Ainda adolescente, identificou sua vocação: transformar em realidade projetos de difícil execução. Foi assim que ergueu, a partir do zero, uma companhia de 600 milhões de dólares. Foi assim também que ele escreveu seu nome na história da indústria nacional.

UM RAIO X DA
TECSIS

EMPREENDEDOR: Bento Koike

ANO DE FUNDAÇÃO: 2002

FUNCIONÁRIOS: 8000

SEDE: Sorocaba-SP

O QUE FAZ: Desenvolve tecnologia, fabrica e vende pás para turbinas de energia eólica.

WEBSITE: www.tecsis.com.br

SONHO GRANDE: Inovar com tecnologia, atuar em todo o mundo e fazer a diferença para a sustentabilidade do planeta.

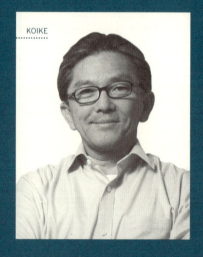

KOIKE

7. UATT?

> "Espalhamos coisas boas em formato de presente."
>
> RAFAEL BIASOTTO

VISÃO DO MENTOR
DARINO MOREIRA TENÓRIO

UMA IDEIA PODEROSA, a força empreendedora, o engajamento do time e o suporte da rede de visionários e especialistas da Endeavor. Eis aí quatro elementos que ajudam a compreender os resultados que estão sendo construídos pela Uatt? nos últimos anos.

"Espalhar coisas boas por aí." Um direcionamento estratégico simples e direto exposto nas paredes da empresa. Uma razão de existir capaz de mobilizar os esforços de todo o time, do ciclo de inovação até o time de vendas. A princípio, soou-me mais um lema criado por profissionais de mercado para tentar reverter percepção de má qualidade de produto ou energizar a equipe visando melhores resultados. No entanto, já na primeira sessão de aconselhamento, improvisada num café de São Paulo, fui surpreendido pela presença e pelo engajamento destacado dos líderes da empresa, de sócios a executivos. Eles participavam atentamente do debate sobre desdobramento de resultados financeiros, definição de boas lacunas e metas, e método de melhoria de resultados, deixando transparecer o DNA "coisas boas", como os comentários sobre a base do forte crescimento da empresa ser, divertir, surpreender e emocionar os clientes. Ao conhecer um pouco mais a cultura organizacional da empresa, era visível o impacto desse DNA no engajamento do dia a dia: time de representantes apaixonados pela marca, mobilização das áreas para garantir a superação das metas de Natal e uma atenção grande em se diferenciar das demais empresas.

Metas ousadas, criatividade, superação consistente de obstáculos do crescimento acelerado e foco nos valores representam elementos da força empreendedora da marca. Superar dificuldades é uma regra na história da empresa: o início do negócio na casa da mãe, a falta absoluta de capital nos primeiros anos de operação, os prejuízos decorrentes de uma enchente no bairro da antiga sede, as dificuldades em montar rede de representantes com um conceito novo, o desbravamento quase solitário dos fornecedores chineses, as anomalias na construção da nova sede. Mas a empresa continua inquieta com os resultados atuais, vê oportunidades de melhoria e age com coragem para redefinir os meios adequados rumo ao sonho grande: um presente para cada brasileiro! É muito inspirador ver o esforço empreendedor da Uatt? em buscar traduzir criatividade em resultados, fazer as ideias saírem do papel. Esse diferencial competitivo nada mais é do que "fazer o óbvio", como reforça o CEO da AB InBev, Carlos Brito.

O engajamento do time está bastante associado ao "Espalhar coisas boas por aí" e aos momentos de dureza e vitórias ao longo da vida da empresa, os quais ajudaram a moldar seus valores: humildade, simplicidade, felicidade, paixão, uattitude (cuidar da empresa como se fosse sua) e comprometimento. A capacidade dos líderes de inspirar os uátticos (como os colaboradores são conhecidos) vem de dar o exemplo quanto aos valores, comunicar com paixão o possível futuro da Uatt?, fomentar um ambiente divertido e de fácil acesso às lideranças.

A Uatt? procura usar, como poucos, o conhecimento e o apoio ofertado pela Endeavor. O interesse genuíno em aprender contagia as pessoas envolvidas, o que gera uma ciclo positivo. Por vezes, a dose de conhecimento entregue é maior do que a empresa consegue processar no momento, mas a Uatt? está evoluindo na sua capacidade de integrar o conhecimento adquirido nos seus planos de ação.

Enfim, a Uatt? é uma história ainda em construção, com muitos desafios pela frente, mas com vários capítulos de conquistas incomuns. Os quatro pilares detalhados acima foram fundamentais no passado da empresa e serão testados ao extremo nos próximos anos. Graças a eles, troquei a carreira na Falconi, que muito me desafiava intelectualmente, para empreender junto com Rafael Biasotto e Ivan Oliveira!

DARINO MOREIRA TENÓRIO foi consultor da Falconi, é membro do CJE/Fiesp e se tornou sócio da Uatt? em 2014.

DO FUNDO DO QUINTAL PARA TODO O BRASIL

O ADMINISTRADOR DE EMPRESAS E EMPREENDEDOR Rafael Biasotto se orgulha de ter tomado apenas um empréstimo em sua trajetória no mundo dos negócios. Foi em 2002, quando pediu 10 mil reais para a avó, somou a um pé-de-meia próprio de 8 mil reais e fundou a Uatt?, uma marca de presentes coloridos, divertidos e surpreendentes. Pouco mais de dez anos depois, espalhada por mais de 5 mil pontos de venda no país (entre lojas próprias, franquias e multimarcas), a Uatt? fatura mais de 100 milhões de reais por ano, emprega cerca de cem funcionários e gera mais de mil empregos indiretos. A cada ano, quatrocentos novos produtos com sua assinatura chegam ao mercado, depois de concebidos pela equipe criativa, uma usina de ideias e pesquisas formada por vinte profissionais de criação e desenvolvimento. O lançamento contínuo de novidades e a capilaridade na estrutura de vendas explicam a forte geração de caixa da companhia, atualmente próxima dos 25 milhões de reais, e explicam também por que a Uatt? nunca foi bater à porta de bancos em busca de dinheiro.

Não se trata de uma empresa convencional. Os produtos da Uatt? não são brinquedos, mas pode-se brincar com eles. Também não são objetos de decoração, mas podem ser usados assim. Não são utensílios, mas são funcionais. A identidade visual reflete a irreverência. O logotipo remete a um balão de diálogo das histórias de quadrinho, com fonte leve e letras desalinhadas. Nas lojas, coloridas e lúdicas, os produtos ficam acessíveis ao manuseio, num espaço dividido por perfil de gostos e presentes, o que a empresa chama de "momentos Uatt?". É difícil explicar, e essa é a intenção dos sócios: não ser uma loja tradicional de presentes. "Queremos proporcionar uma experiência diferente a todos que se relacionam com a empresa. A sensação de bem-estar deve estar presente da concepção de um item ao momento em que o consumidor entrega aquilo que comprou em uma de nossas lojas", diz Rafael. A missão da companhia ajuda a compreender: "Ser a melhor solução em presentes e experiências que emocionem e colaborem com a evolução da Uatt?, seus parceiros, colaboradores e consumidores".

Por trás dessa frase, reside um posicionamento de mercado, que coloca a marca numa trilha própria e quase exclusiva, com poucos concorrentes diretos. O slogan da marca também revela muito sobre ela: "Pra espalhar coisas boas por aí". O aparente descompromisso é um convite à troca de presentes desinteressada, sem vínculo obrigatório com datas específicas, como aniversário, Dia das Mães ou Natal. E o sonho grande dos sócios é: "Que cada brasileiro se emocione, se divirta e surpreenda com pelo menos um presente Uatt? por ano". Ora, são mais de 200 milhões de brasileiros. Não é necessário fazer as contas para descobrir qual é a meta de vendas da empresa no longo prazo.

O sonho é realmente grande para quem começou como uma empresa de fundo de quintal — no caso, o quintal da casa dos pais de Rafael. Recém-formado em administração de empresas pela Universidade Federal de Santa Catarina, em 1999 Rafael iniciou a carreira em uma empresa de consultoria, dedicada principalmente ao atendimento da indústria de brindes promocionais, impressos, presentes e decorações. Ficou por lá dois anos, o suficiente para identificar lacunas no mercado. Lacunas que, em sua visão, os fabricantes tradicionais não preencheriam. Pior: não enxergava oportunidades de crescimento profissional. Pediu as contas, juntou economias e decidiu passar um tempo no exterior. Mas não foi uma viagem apenas turística: Rafael frequentou feiras europeias de brindes e brinquedos e tomou contato com o que se fazia de mais avançado no setor.

De volta ao Brasil, já trazia na bagagem a ideia de criar (e vender) os chamados *emotion gifts*, artigos para decoração e presentes muito coloridos, sobretudo em tons cítricos. A empresa foi batizada de Ethno (o nome Uatt? só surgiria anos depois). O dinheiro era pouco (8 mil reais que sobraram da viagem mais o empréstimo de 10 mil reais da avó). De cara, ele aprendeu a administrar a escassez. "Todo empreendedor é um malabarista", diz. "Na gestação de uma empresa, é preciso estabelecer o que é prioritário e buscar alternativas de acordo com seus recursos."

O que poderia ser feito a custo zero? O local de trabalho, por exemplo. Um quarto de trinta metros quadrados na casa dos pais atenderia às necessidades. E a mão de obra? Mais uma vez, Rafael optou, digamos, por soluções caseiras. A mãe, Eulina Medeiros, uma profissional liberal com grande habilidade manual, se tornou a primeira colaboradora da Ethno. Já a matéria-prima, é evidente, não sairia de graça. O material para confecção dos produtos deveria ser resistente, de fácil manipulação, acessível e, sobretudo, barato. Assim, insumos como tecido e papel estavam descartados. Cerca de 8 mil reais do capital inicial foram consumidos na aquisição de 2 mil quilos de chapas de polipropileno. Cada uma media 50 centímetros × 70 centímetros e tinha espessura de 0,5 centímetro. Para extrair ganhos de escala, limitou-se o número de cores a cinco, dando prioridade ao tom vibrante: laranja, rosa, verde, azul e branco. O polipropileno garantiu ainda uma imagem de modernidade e criatividade à linha de produtos, já que era pouco utilizado para esse fim. "A necessidade, muitas vezes, é a mãe da inovação", diz Rafael. O dinheiro curto fez o jovem empreendedor quebrar paradigmas. Com o material em mãos e a ajuda de dona Eulina, ele desenvolveu e confeccionou dezesseis itens, como porta-retratos, porta-canetas e luminárias, entre outros. O restante do dinheiro foi empregado num computador, na impressão de catálogos e na abertura da empresa.

Assim, Rafael tinha um negócio minimamente estruturado e produtos para oferecer ao mercado, mas estava com os bolsos vazios. E ainda lhe faltava estrutura comercial. Então ele lançou mão de uma habilidade inata a qualquer empreendedor: a "cara dura", como ele mesmo diz. "A cara dura é apenas a manifestação da crença na ideia, da paixão pelo negócio", explica.

Um representante de Juiz de Fora (MG) comprou a ideia e passou a oferecer os produtos. Ao mesmo tempo, num arremedo de telemarketing, Rafael e dona Eulina disparavam e-mails para lojas de presentes e papelarias. Juntos, cuidavam de todo tipo de tarefa — da produção às vendas, das compras às finanças. Algumas vezes, durante a noite, a mãe abria o e-mail da empresa para verificar se chegava pedidos de lojistas. Um sacrifício, certo? Tão certo quanto inevitável, raciocina Rafael. "Empreendedores são semelhantes aos atletas de elite", afirma ele. "O que os diferenciam é a capacidade de resistir à dor e se superar."

As encomendas começaram a pingar. Era hora, portanto, de iniciar a produção em série e, mais uma vez, driblar a falta de capital de giro. Contratar gente, nem pensar. O custo seria muito alto. A solução veio, de novo, da criatividade de mãe e filho. Por que não montar uma rede de amigos e conhecidos com tempo disponível para a montagem dos produtos? A equipe trabalharia em casa e, assim, não precisaria de um espaço que a Ethno não tinha no momento.

A fabricação artesanal atendia às necessidades da empresa, já que os pedidos vinham em conta-gotas e os volumes também eram reduzidos. Meses depois, em agosto de 2002, Rafael deu um passo importante para elevar a escala do negócio. Com outras cinco pequenas companhias, sublocou um estande de pouco mais de vinte metros quadrados na Gift Fair, principal feira de brindes e presentes do país. A Ethno ficou com apenas quatro metros quadrados, o suficiente, porém, para arrematar cerca de trinta encomendas e garantir uma receita de 8 mil reais. Parece pouco, mas, além de algum dinheiro, a iniciativa propiciou exposição à empresa e permitiu planejamento (ainda que incipiente) da produção. Em menos de dois anos, a Ethno já apresentava um porte que exigia mais atenção com controles, organização interna e estratégia. Sozinho, Rafael não daria conta do recado. Além disso, a formação universitária (administração de empresas) e a experiência profissional (comercial) não lhe davam bagagem para cuidar de áreas como produção, logística e finanças. O nome para ocupar essa posição já habitava a cabeça de Rafael. Ivan de Oliveira, formado em engenharia mecânica em 1990 pela mesma UFSC, era seu amigo havia anos, desde que trabalharam juntos em empresas locais. Em certo momento, cada um tomou seu caminho — Rafael foi viajar e Ivan se dedicou à consultoria empresarial. Não perderam contato, continuaram conversando e dividindo as angústias profissionais. Na Ethno, formaram uma sociedade complementar. Rafael é o homem do mercado, vendedor, "rompedor de barreiras, criativo", como ele mesmo diz. Ivan é um sujeito voltado para controle, operação e processos, responsável por "juntar os cacos do rompedor" (novamente como diz Rafael).

A companhia valia, segundo cálculos dos dois, 600 mil reais. Na nova configuração, Rafael ficaria com dois terços do capital e Ivan com o restante. A parcela de Ivan seria paga em quatro anos com os lucros gerados pelo negócio — lucros que não apareceram naquele período, pois o dinheiro era reinvestido. Acertaram ainda que a retirada mensal seria a mesma, 5 mil reais para cada um. E começaram um processo de reflexão que definiu o modelo de negócios e estabeleceu as bases para a expansão. Entenderam, por exemplo, que o setor em que atuavam era incipiente no Brasil. Quando decidiam presentear alguém, os consumidores procuravam livrarias, floriculturas, lojas de roupas, brinquedos ou decoração.

Os dois sócios definiram também o perfil de seu público. Não eram integrantes da classe A, mas, sim, das classes B e C. Repare bem: o ano era 2004 e o país dava início a um movimento de ascensão social que, em alguns anos, incluiria uma massa de 30 milhões de brasileiros no mercado de consumo. "A empresa pegou carona na onda da mobilidade social e, mais importante, entendeu essa mobilidade", afirma Marcos Mueller, gestor da Endeavor responsável pelo acompanhamento da Uatt?. Os produtos da Ethno eram coloridos, lúdicos, alegres e divertidos, e era dessa forma que aqueles milhões de novos consumidores enxergavam o futuro que se abria diante de seus olhos. A alquimia proporcionada pela Uatt? cabia (e cabe) no bolso deles. O tíquete médio da companhia é atualmente de sessenta reais, quase a metade do valor registrado no concorrente mais próximo.

Os preços competitivos resultam de uma decisão tomada em 2006. A partir daquele ano, a empresa começou a transferir para o exterior parcelas crescentes de sua produção. Atualmente, 80% dos produtos vêm de fábricas na China — os outros 20% são feitos no Brasil. O modelo exigiu alguns cuidados. Rafael e Ivan abriram uma importadora, a Wacky. Uma pequena estrutura de suprimentos foi montada na China. Para evitar o risco de atraso nas entregas, a Uatt? mantém um estoque de cinco a sete meses de produtos acabados. Os efeitos no caixa são significativos. Esse volume representa algo como 10 milhões de reais parados em galpões e depósitos brasileiros. Mesmo assim, os custos compensam.

Os consumidores se mostravam sedentos por novidades. Rafael e Ivan criaram, a partir daí, uma máquina de permanente inovação, com uma capacidade de "atualização estonteante", nas palavras de Marcos. Já no final do primeiro ano da parceria dos dois catarinenses, o número de produtos no portfólio saltou dos dezesseis iniciais para mais de quarenta. O crescimento manteve o ritmo exponencial. Hoje, a marca Uatt? está estampada em

1200 presentes e está prevista uma linha específica de decoração chamada UattCasa. A cada ano, quatrocentos novos itens chegam aos pontos de vendas, uma média de 1,5 por dia útil.

A empresa adotou a política de "obsolescência programada" para alguns itens do portfólio, ou seja, retira o produto de linha no máximo quarenta dias depois de seu lançamento. É uma prática que consagrou grifes como a Gillette. Hoje controlada pela P&G, a líder das lâminas de barbear adotou, desde os primórdios, o princípio de sacrificar seus próprios aparelhos no auge das vendas, substituindo-os por versões mais avançadas. Em outras palavras, a empresa não deixa seu produto morrer — ela o mata antes.

A Uatt? elevou esse conceito à sua carga máxima. Com isso, colhe pelo menos dois importantes resultados. Um: mantém aceso o interesse do consumidor por sua marca. "Ele sempre encontrará novidades em nossos pontos de venda", diz Ivan. "Dessa forma, fidelizamos o cliente e geramos receita recorrente." Dois: a renovação permanente na linha de produtos cria proteção contra a aproximação dos concorrentes nessa maratona chamada disputa de mercado. "Quando pensam em copiar algo, já estamos em outro estágio", afirma Rafael.

O crescimento acelerado impôs desafios. Por exemplo, quanto mais crescia mais a empresa perdia contato com a ponta de consumo, ou seja, o cliente, principal fonte de informações para o desenvolvimento de produtos. "A vivência com o consumidor ficava diluída em milhares de pontos de venda espalhados pelo Brasil", explica Ivan. "Em função da distância, nossa visão era míope." Não havia uniformidade na linguagem utilizada com o cliente, completa Rafael. "Cada loja multimarca tem seu próprio estilo, sua própria comunicação." Assim, o acesso da Ethno às pessoas que compravam produtos da empresa era limitado. A dupla de sócios acumulava perguntas que permaneciam sem resposta satisfatória. Quem era o consumidor? Quais eram suas expectativas de preço? Quais eram as lacunas do portfólio? Qual era a percepção da marca junto ao consumidor? Que experiência procurava quando chegava ao balcão? "A cabeça do cliente era uma incógnita para nós", admite Ivan.

Além disso, a capacidade de expansão nas lojas multimarcas estava se esgotando. A dupla de empreendedores mergulhou então na dúvida: abrir pontos de venda próprios ou partir para o sistema de franquias? Depois de quebrar a cabeça, decidiram. Trabalhariam com os dois formatos, já que eram complementares. O franchising garantiria uma velocidade de crescimento que as lojas próprias não permitiriam, devido ao volume de capital necessário para esse modelo. Por outro lado, as lojas próprias, mesmo em pequeno número, eram necessárias para definir o design das instalações, a disposição de produtos e o padrão de atendimento, entre outros elementos que compõem o ambiente de um ponto de venda. "Antes de partir para franquias, tínhamos que aprender a dinâmica do varejo, saber como isso funcionava", diz Rafael.

A prudência em relação ao passo rumo ao franchising pode ser explicada pelo passado da empresa. Encomendas de grandes empresas levaram a Ethno a entrar no mercado de brindes promocionais. À primeira vista, era uma extensão lógica da atividade original. Assim, montaram uma estrutura própria, com gerente, funcionários e representantes comerciais. No entanto, logo a decisão se mostraria equivocada. Os negócios eram muito diferentes, já que a indústria de brindes vive de pedidos repentinos, sem receitas recorrentes, uma característica que dificulta o planejamento. Os prazos de entrega são curtos e os volumes, grandes. A formação de estoques para atender encomendas da noite para o dia exige um capital de giro que a Ethno não possuía na época. Apesar das aparências, os dois setores (brindes e presentes) não tinham o que o consultor americano Chris Zook chama, em seu livro *Além das fronteiras do core business* (Campus, 2003), de "adjacências", a expansão para atividades similares e fortemente relacionadas com a alma do negócio. Nos primeiros tempos, o tiro pareceu certeiro. Em um ano, o faturamento chegou a 1 milhão de reais. Mas o número não se repetiu. "Surfamos a onda e tivemos algum retorno, mas o desgaste era grande e consumia energia que poderíamos canalizar para o varejo", recorda Rafael. Em 2007, a área de brindes foi fechada.

De qualquer maneira, havia uma tarefa crucial a cumprir: a criação de uma marca que traduzisse o espírito da companhia. O ponto de partida foi outro ponto, o de interrogação. O sinal gramatical expressava as frequentes dúvidas que cercam o ato da compra. Uma dessas dúvidas (O que comprar?) inspirou os sócios. A expressão "o quê?" foi traduzida para o inglês (What?), deu meia-volta e foi "aportuguesada" para Uati?. Como a pronúncia poderia gerar dúvidas, os sócios cortaram o "i", encaixaram mais um "t" e, pronto, nascia a marca Uatt?. A Ethno e a Wacky desapareceram, incorporadas pelo novo nome.

O lançamento das lojas em 2008 inaugurou um período de profundo aprendizado sobre o perfil dos consumidores. Ou melhor, consumidoras. Sim, porque essa foi uma das primeiras constatações: a base de clientes era formada por mulheres entre quinze e 25 anos. Até hoje, esse grupo representa 50% do faturamento. Outra: elas não buscavam itens para uso pessoal, mas para presentear alguém. Quem? O namorado? A mãe? O pai? A irmã? Não. As amigas. No aniversário? No Natal? Não necessariamente. "Elas dão enorme valor à amizade e querem expressá-la continuamente, sem data ou motivo específico", diz Rafael. Também se preocupam mais com a "mensagem" que o presente transmite do que com o design. Por isso, alguns itens trazem palavras ou frases inteiras estampadas na superfície.

O conhecimento acumulado refinou o portfólio e o formato das lojas, adequando ambos ao perfil de um consumidor que a Uatt? conhecia com mais profundidade e detalhes. "É um processo contínuo, não acaba", diz Rafael. "O ativo mais valioso de uma companhia é a intimidade com os clientes." A Uatt? aprendeu, por exemplo, que brasileiros gostam de tocar os produtos, de "ver com as mãos". Por isso, as prateleiras de vidro utilizadas nos primeiros tempos foram substituídas por um mobiliário que facilitasse o acesso. As cores foram suavizadas no ponto de venda e em alguns produtos, depois de planilhas revelarem que os três em dez presentes mais vendidos não eram os mais coloridos. "As cores do ponto de venda atraíam clientes, mas provocavam certa confusão, pois carregavam muita informação", diz Ivan. O time de desenvolvimento bebe continuamente da fonte dos clientes. Projetos de novos produtos só saem do papel se responderem à seguinte pergunta: "de quem para quem?".

Em 2010, dois anos depois de inaugurar suas duas lojas, a empresa lançou o sistema de franquias. Hoje, a placa Uatt? está fincada em 75 pontos — setenta franquias e cinco próprios. Nas estimativas dos sócios, há espaço para que esse número chegue a setecentas em todo o país. E as lojas multimarcas mantêm sua importância no modelo de negócios. Nelas, a companhia colhe 70% de seu faturamento. O próximo alvo são os supermercados, onde franqueados instalarão quiosques ou franquias compactas com um mix mais enxuto formado por itens que sejam campeões de venda. "No Brasil, ir ao supermercado é programa familiar", diz Rafael. "O estacionamento é gratuito e o investimento inicial é menor do que em shoppings. As pessoas chegam com a predisposição de consumo."

Marca consolidada, crescimento acelerado, planos ousados de expansão, cultura de inovação. Com tais atrativos, a Uatt? é assediada por fundos de private equity ou investidores, ou mesmo bancos interessados em organizar uma abertura de capital? "Não sei se precisamos ir ao mercado em busca de recursos", diz Rafael. E utiliza uma expressão bem-humorada e enigmática: "Há controvérsias". E há também, diz ele, lição de casa a fazer. "Muitos processos internos precisam ser revistos e redesenhados." Marcos, da Endeavor, concorda. "Talvez a estrutura e o time que levaram a empresa à receita de 100 milhões de reais não estejam preparados para levar a empresa ao seu primeiro bilhão", diz ele.

Por isso, garante Rafael, a Uatt? manterá a estrutura de capital por mais um ano, pelo menos. "Temos que preparar a noiva e deixá-la muito bonita antes do casamento." Mas, afinal, com números tão superlativos, o empréstimo de 10 mil reais tomado da avó em 2002 foi pago? Rafael e seu sócio Ivan sustentam o silêncio durante alguns momentos, antes de responder com a mesma expressão enigmática: "Há controvérsias". "Alguns dizem que sim. Outros, que não."

UM RAIO X DA
UATT?

EMPREENDEDORES: Rafael Biasotto e Ivan Oliveira

ANO DE FUNDAÇÃO: 2002

FUNCIONÁRIOS: 115

SEDE: Florianópolis-SC

O QUE FAZ: Fabrica e vende coisas boas em formato de presente.

WEBSITE: www.uatt.com.br

SONHO GRANDE: Que cada brasileiro possa comprar pelo menos um produto Uatt? por ano.

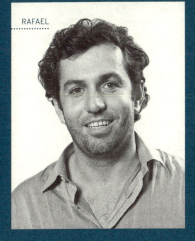

RAFAEL

IVAN

8. CASA DO CONSTRUTOR

"Desenvolvemos juntos uma grande habilidade de identificar oportunidades onde os outros não viam nada."

ALTINO CRISTOFOLETTI JUNIOR

VISÃO DO MENTOR
JOSÉ LUIZ FERNANDES IZE

CONHECI EXPEDITO NA ADOLESCÊNCIA, quando me mudei de São Paulo para Rio Claro. Naquele tempo, ele já era determinado: com treze anos, renunciava ao futebol da tarde para trabalhar na Me Veste, uma loja de confecções, durante as férias. Tempos bicudos, era necessário juntar dinheiro para o material escolar. Com o tempo, estabelecemos uma relação de forte amizade, que se estendeu às famílias que formamos, o que me levou a acompanhar e torcer por seu sucesso e apoiá-lo quando possível.

Conheci Altino somente quando já era sócio de Expedito e juntos acalentavam a ideia do que hoje é a Casa do Construtor. Detalhista, estudioso, paciente, ouvinte atento, acalentava um sonho: transformar sua ideia em um grande negócio.

Locar andaimes e materiais de construção aplicados a pequenas e médias obras me parecia uma grande ideia. A construção civil no Brasil era e é muito carente em métodos construtivos e noções de segurança; logo, permitir que pequenos e médios empreiteiros e construtores tivessem acesso a equipamentos e ferramentas sem a necessidade de imobilizar recursos na sua aquisição era, com certeza, uma iniciativa de sucesso garantido.

Mesmo nos tempos difíceis da década de 1990, as operações

da Casa do Construtor cresceram a uma taxa média de 30% ao ano. Em uma época de reduzido investimento na atividade da construção civil, a grande justificativa que encontrávamos para o sucesso da Casa do Construtor era a substituição do trabalho braçal pelo uso de equipamentos.

Algumas vezes me reuni com eles naquele período inicial (prática que acabou se estendendo até os dias de hoje). A primeira reunião foi em um galpão sem mesa de trabalho. Estendemo-nos por um sábado inteiro discutindo métricas de avaliação dos resultados, capital investido e forma de financiamento, alternativas de expansão e... gente. Naquele momento começava a ficar claro para mim que, mais que dinheiro, o grande problema para a expansão do negócio seria atrair e reter bons profissionais. Como eu costumava brincar: nunca falta dinheiro para negócio bom, enquanto gente...

Se o negócio era promissor, a forma de expansão não me parecia tão segura assim. Crescer tendo como base franquias não me parecia uma fórmula segura. Questionei muito a ambos: afinal, quais seriam as vantagens competitivas? O que os faria diferentes dos demais concorrentes ou mesmo de um simples investidor arrojado uma vez que os equipamentos se encontram disponíveis no mercado para aquisição?

Somente me convenci quando conheci os primeiros franqueados, sua história e a forma como a franqueadora os tratava: por detrás de toda as razões técnicas havia uma energia positiva emanada tanto por Expedito como por Altino, para que o franqueado fosse bem-sucedido. Esse compromisso tem sido a grande força da expansão e do sucesso da Casa do Construtor, que não se limita a desenvolver um bom negócio ou a agregar empreendedores, criando uma teia de relacionamento que acolhe, instrui e impulsiona os negócios. Aprendi com eles que o segredo de uma boa franquia, além de um bom negócio, é a qualidade do relacionamento que o franqueador se propõe a oferecer ao franqueado. A abertura para ouvir sugestões e críticas aliada à capacidade de manter intacta a estratégia proposta para o negócio é fundamental.

Como em todo negócio, a capacidade e a flexibilidade para se reinventar são fundamentais. A Casa do Construtor era um projeto regional que se transformou em nacional e que agora pretende chegar às mil lojas.

Como manter a qualidade do atendimento aos franqueados num quadro agora tão diverso? Como manter a assertividade na escolha do franqueado e a velocidade do crescimento? Como manter o DNA Expedito-Altino de atendimento e relacionamento com os franqueados? Esses são os próximos desafios que a Casa do Construtor deverá responder para a continuidade de sua trajetória de sucesso.

JOSÉ LUIZ FERNANDES IZE é sócio da Endura Partners Consultoria e foi diretor financeiro e presidente de diversas empresas, entre elas Caloi, divisões do Grupo Iochpe-Maxion e SOG – Óleo e Gás.

DITO E TINO, UMA DUPLA CAIPIRA NOS NEGÓCIOS

O EMPREENDEDOR É, por princípio, um homem de sete instrumentos, tamanha a quantidade de tarefas que assume simultaneamente para tocar seu negócio. Pois o paulista Expedito Eloel Arena levou a história ao pé da letra. Além de cuidar da área de compras, da administração e de outras frentes, em certo momento, apanhou um instrumento (o violão) e compôs o jingle comercial da Casa do Construtor, que ele e o amigo Altino Cristofoletti Junior fundaram em 1993. Até hoje a música anima os peças publicitárias veiculadas por emissoras de rádio em todo o país. *Construindo ou reformando/ o bom pedreiro ou construtor/ aluga o equipamento/ lá na Casa do Construtor. Vai lá, vai lá/ Vai na Casa do Construtor/ Alugue lá, alugue lá/ Lá na Casa do Construtor./ Andaimes e betoneiras/ furadeiras e compactador/ Alugue lá, alugue lá/ Lá na Casa do Construtor.*

O original seguia o ritmo de música caipira, já que a empresa surgiu em Rio Claro, cidade a 180 quilômetros de São Paulo. Recentemente ganhou roupagem de pagode, com a mesma letra, numa versão dirigida para o mercado do Rio de Janeiro. O jingle, simples e de fácil memorização, revela um bocado de coisas sobre a Casa do Construtor. A letra, por exemplo, mostra que se trata de uma locadora de equipamentos para construção, como andaimes, betoneiras, lixadeiras, serras elétricas, escadas, além de milhares de outros itens. A variação de ritmo musical, por sua vez, revela que a presença da companhia se estende por diversas regiões do país — na verdade, há pelo menos uma unidade em cada um dos 26 estados da Federação. No total, a bandeira da Casa estava fincada em duzentos pontos no território brasileiro no final de 2013, o que garantiu um faturamento total na rede de 130 milhões de reais no ano.

O jingle só não resume a própria história e a essência da Casa do Construtor por um detalhe: sua autoria é apenas de Expedito, e não da dupla. No mais, tudo na Casa do Construtor, desde os primórdios, apresenta a assinatura conjunta. Altino e Expedito formam uma sociedade de perfis diferentes (mas não opostos) e, ao mesmo tempo, complementares. A sintonia entre os dois é tanta que eles próprios brincam que poderiam lançar de fato uma dupla caipira, a Dito e Tino. Altino tem os olhos voltados para o mercado. Boa parte de seu tempo é consumida pela participação em associações e entidades, como a Associação Brasileira de Franchising. No passado, militou em uma organização católica e em um partido político, e disputou uma eleição para a Câmara de Vereadores em Rio Claro. Ao mesmo tempo, fareja tendências, busca caminhos de expansão e persegue uma meta ambiciosa: atingir o faturamento de 1 bilhão de reais em 2020, quando a bandeira da Casa do Construtor estará fincada em mil pontos diferentes, "nas principais cidades do Brasil e em municípios promissores com população superior a 40 mil habitantes", afirma Altino. Desse total, espera ele, 10% serão lojas próprias.

Por sua vez, Expedito é o sujeito da operação, dos controles internos e das compras. Conhece profundamente os equipamentos, seja nos detalhes técnicos, seja na aplicação. Fabricantes multinacionais, como a francesa Saint-Gobain, o convidam para testar máquinas antes de lançá-las no mercado. Muitas de suas sugestões são incorporadas aos produtos. Por isso, é convidado a participar de entidades do setor de máquinas e equipamentos de pequeno porte, como a Associação Brasileira de Locadoras de Equipamentos (Alec). No Comitê Permanente Regional de São Paulo (CPR-SP), dá apoio técnico nas discussões para mudanças e implementação de melhorias nas normas de andaimes metálicos.

"A Casa do Construtor é resultado da união dos perfis diferentes de Altino e Expedito, que se complementam e dividem os mesmos valores e princípios", observa Lucas Monteiro de Barros, gestor da Endeavor responsável pelo acompanhamento da Casa do Construtor. "Eles se respeitam e reconhecem a contribuição de cada um no desenvolvimento do negócio."

As semelhanças começam na história de vida da dupla. Ambos nasceram em Rio Claro e vêm de famílias numerosas para os padrões de hoje — Altino tem três irmãos e Expedito, quatro. A infância foi marcada pela falta de recursos e dificuldades financeiras. O pai de Altino, também Altino, comprou uma pequena gráfica à beira da insolvência e, com os parcos rendimentos retirados dela, sustentava os filhos e a mulher. Já seu Benedito, pai de Expedito, enfrentava, além das dificuldades financeiras, um sério problema de saúde. Só tinha 20% da visão. Aposentou-se por invalidez, mas não deixou que a deficiência o abatesse e passou a trabalhar por conta própria como pedreiro. Ainda menino, Expedito o acompanhava nas pequenas obras e reformas. Não por curiosidade, e, sim, por necessidade. "Ele estava quase cego e eu era seus olhos durante o trabalho", recorda.

Tempos ruins? Sim. Más recordações? Não. Tanto Expedito quanto Altino consideram o pai a principal fonte de inspiração, e essa é a origem da principal semelhança entre eles. Os dois identificam na experiência paterna o desejo de empreender, que se manifestou antes da fase adulta. Aos catorze anos, Altino arrumou um "bico" para entregar jornais pelas ruas de Rio Claro. Logo, chamou um grupo de amigos, montou um sistema de distribuição mais abrangente, aumentou a vendagem e, por tabela, seus rendimentos. Expedito revelou sinais de empreendedorismo na infância. Sem dinheiro para empinar pipas, recolhia sobras de papel e varetas não utilizadas por colegas, montava uma peça e a vendia para outros garotos. Com o rendimento, comprava mais material e fazia novas pipas, tanto para comercializar como para uso próprio. "Como eu usava sobras, minhas pipas eram quadriculadas e coloridas. Assim, eu conseguia valorizar o produto e agregar valor, vendendo mais caro que os outros", conta ele.

O que aproximou os dois jovens foi a religião. Em meados da década de 1970, ambos militavam em organizações católicas da cidade, como a Pastoral da Juventude e, depois, a Pastoral Universitária. Ali se conheceram e se tornaram amigos. Juntos, como representantes da sociedade civil, participaram da discussão e da elaboração do Plano Diretor da cidade. Já falavam em fazer negócios juntos, mas a diferença de idade, de cinco anos, os colocava em dois estágios diferentes da vida. "Estávamos na mesma estrada, em pedágios diferentes", resume Expedito. Os pontos em comum entre eles, porém, acabaram se impondo. Escolheram a mesma profissão: engenharia. Durante anos, ambos se dedicaram a diversas atividades, muitas delas simultâneas. Deram aula em colégios técnicos, trabalharam em empresas do ramo de construção e fundaram outras empresas. Altino, por exemplo, além de trabalhar como professor abriu uma franquia dos Correios e uma pequena empreiteira, e, assim, se tornou um concorrente de Expedito, àquela altura também dono de uma modesta empresa de reforma e construções.

Eram muitos negócios e pouco dinheiro. Ao atirar para vários lados, os dois jovens empreendedores perderam o foco. Por outro lado, desenvolveram, na opinião de Altino, "uma grande habilidade de identificar oportunidades onde os outros nada viam". E enxergaram em um bairro popular recém-criado em Rio Claro a possibilidade de um projeto conjunto: uma loja de material de construção. No bairro havia casas em construção, puxadinhos, reformas, pintura, revestimentos de paredes etc. Os clientes estavam ali, sedentos por material para melhorar a residência que tinham acabado de erguer.

De quebra, podiam alugar algumas máquinas de empreiteiras (seis betoneiras, um guincho, uma furadeira e uma lixadeira). Afinal, ficavam ociosas boa parte do tempo. Cada um entraria com suas parcas economias. Faltava o nome para o empreendimento. Pensaram em Casa do Empreiteiro, mas a marca já estava registrada por outra pessoa. Mudaram para Casa do Construtor. Pronto, estava ali um negócio.

Pois não durou um ano. O mercado existia, mas uma série de decisões equivocadas derrubaram rapidamente as expectativas otimistas. "Talvez tenha sido nosso melhor aprendizado", afirma Altino. O primeiro erro foi investir na construção de um galpão onde funcionaria a loja. "Tínhamos pouquíssimo dinheiro e imobilizamos o capital na construção", diz Expedito. Outro aprendizado foi administrar o fluxo de caixa, um dos mais frequentes fatores da alta mortandade de pequenos empreendimentos no Brasil. Os clientes apareceram em massa. As vendas eram a prazo, mas as compras eram pagas à vista, num cenário de inflação próxima a 2500% ao ano. Não é difícil entender porque as contas não fechavam.

Além disso, os moradores eram "carentes de tudo", como diz Expedito, e, por isso mesmo, a inadimplência vivia em patamares elevados. "Vendíamos muito, mas não recebíamos", relembra. Faltou ainda o que os antigos comerciantes chamavam de "barriga no balcão", ou seja, a presença do dono à frente do negócio. Os dois sócios continuavam se dedicando às demais empresas. A loja era tocada por um parente de Expedito, pouco experiente em gestão de negócios.

Em meio a tantos tropeços, os dois amigos fizeram uma descoberta que mudou o rumo de suas vidas. O que pagava as contas no final do mês não era a venda de material de construção, mas, sim, a locação de equipamentos, justamente a atividade secundária no negócio. Eram clientes recorrentes e, por isso, mantinham suas contas em dia. Em caso de falta de pagamento, os equipamentos eram recuperados, ao contrário de outros materiais como tijolos, telha, areia, cimento, pedras e barras de ferro. Além disso, não eram atividades tão próximas e complementares como pareciam à primeira vista. Ou, como diz Altino, "uma coisa não tinha muito a ver com a outra". Um: a logística. Na loja, o cliente saía com o produto; na locação, o equipamento era entregue no local desejado. Dois: a essência da atividade. Uma era varejo (a venda de material de construção); outra, serviços (a locação de equipamentos). Três: o perfil dos funcionários. Na loja, trabalhavam vendedores; no aluguel, técnicos que apoiavam os clientes nas especificações das máquinas que precisavam. Enfim, havia sinergia apenas quanto ao público consumidor.

As portas da loja se fecharam de vez em 1994, mas a experiência não seria perdida. Meses depois, já em 1995, os dois sócios retomaram a Casa do Construtor. Da experiência anterior, só aproveitaram o nome. A venda de materiais foi abandonada e a única atividade seria a locação de equipamentos. Na ocasião, Altino negociava a permuta de um imóvel localizado em uma importante avenida comercial de Rio Claro para posterior instalação da franquia dos Correios. O local exigia reformas. Dinheiro não havia para esse fim. Então, por que não instalar ali a Casa do Construtor, que não demandaria grandes alterações no imóvel? Recém-saído de um emprego no governo do estado, Expedito se dedicaria inteiramente ao negócio.

Ao inaugurar novamente a Casa do Construtor, a dupla também estava reinventando o mercado de aluguel de máquinas para construção. Era uma atividade tradicional, árida e desprovida de charme — e, até hoje, andaimes, furadeiras e betoneiras não despertam paixão ou levam a compras de impulso, como ocorre com produtos de consumo. Mas Altino e Expedito levaram elementos de outros setores para o modelo de negócios que começavam a desenvolver. Por exemplo: até então, locadoras funcionavam em galpões, espaço comum para exposição de máquinas e sua manutenção, um misto de depósito com oficina mecânica. Em vez disso, a Casa do Construtor incorporou elementos do varejo, sobretudo no ponto de venda. A loja tinha fachada bem cuidada, com logotipo e cores padronizadas. O cliente era recebido por vendedores uniformizados em espaço próprio para o atendimento, separado da área de manutenção.

Sem dinheiro para contratar consultorias ou escritórios especializados, a dupla pegou para si as mais variadas tarefas e projetos necessários para o desenvolvimento do negócio. Um irmão de Altino desenhou a primeira logomarca, um sol com uma betoneira ao centro, do qual saíam diversas setas, que representavam casas em buscas de novos territórios.

No início, Altino e Expedito brigavam contra um hábito arraigado no setor de pequenas construções e reformas: sobretudo fora dos grandes centros (e esse era o caso de Rio Claro), empreiteiros e mestres de obras costumavam utilizar máquinas emprestadas por amigos ou pequenas construtoras. Não pagavam por isso. "Nosso desafio foi mostrar aos clientes que a locação garantia produtos mais novos, com boa manutenção, e, assim, mais produtivos. Se uma máquina emprestada quebrasse, eles tinham que pagar o conserto. Enfim, era o típico caso em que o barato podia sair caro. No aluguel, não havia esse risco", diz Altino.

Na verdade, o cliente não era exatamente quem a dupla tinha em mente. Engenheiros não entravam na loja, embora os sócios tivessem amplo relacionamento com esse público em função da atuação de ambos em entidades de classe da região. Mais uma vez, a intuição desempenhou um papel importante. Um dia, Expedito se queixava com a mãe sobre essa dificuldade. "Por que você não faz locação para pedreiros e mestres de obras? São eles que precisam das máquinas, assim como seu pai precisava", sugeriu ela. "Como eles vão saber que a Casa do Construtor existe?", perguntou Expedito. "Faz propaganda no rádio, no *Show do Meio-Dia*", rebateu ela, referindo-se a um programa de variedades que ia ao ar na hora do almoço. Foi quando Expedito empunhou o violão e compôs o jingle, até hoje ouvido em estações de várias cidades do país.

Para atrair esse tipo de público, procedimentos foram simplificados. As empresas do setor exigiam o preenchimento de uma ficha cadastral, com dados pessoais e bancários, além de um cheque caução. "Tinha que descomplicar, mas sem cair na informalidade", diz Expedito. A Casa do Construtor passou, então, a exigir apenas RG, CPF e um comprovante de residência. Outra novidade foi o aluguel diário e semanal, e não apenas mensal, como praticava o mercado. Uma regra não escrita passou a ser respeitada: não diga não ao cliente. Se o equipamento solicitado não estava disponível, Altino e Expedito recorriam à sublocação com empresas de Campinas, a noventa quilômetros de distância. Tudo para não o deixar sem o equipamento. "Às vezes, só empatávamos o dinheiro, mas ganhávamos credibilidade", lembra Altino.

Durante os primeiros anos, os dois sócios não retiravam dinheiro do negócio. Expedito alugou o apartamento que ganhara do sogro e morava numa casa menor. O aluguel reforçava o orçamento familiar e permitia que o pequeno rendimento da loja fosse totalmente reinvestido. Às vezes, o dinheiro fazia o caminho inverso. Num momento de aperto no caixa, uma nota promissória perto do vencimento foi paga com o salário da esposa de Expedito.

Altino adotava os mesmos hábitos franciscanos. Viveu por quase trinta anos numa edícula de setenta metros quadrados. Ali nasceram seus três filhos. A franquia dos Correios garantia as necessidades básicas para a família. Ambos dirigiam carros com quilometragem avançada, que frequentemente eram a "frota" da empresa. Para Altino, essa postura não refletia apenas a necessidade financeira, mas também um princípio do qual não abrem mão: "A falta de controle nos custos pode destruir uma empresa", afirma ele.

A loja mantinha um equilíbrio financeiro precário, mas Altino não deixava de traçar (e implementar) os planos de expansão.

"Ele tem essa característica. É agressivo e fortemente voltado para estabelecer uma rede de lojas cada vez maior", avalia Lucas, da Endeavor. Por isso, o negócio nem sequer estava consolidado e a dupla de sócios já preparava manuais de franquia. À noite, depois do expediente, sentavam e escreviam em folhas de papel cada etapa do trabalho realizado ao longo do dia. Assim, um após o outro, os manuais foram sendo redigidos ao longo de dois anos. Os primeiros foram dedicados a operação, máquinas e gestão de marca. Faltava um deles: o de abertura de loja, fundamental para o modelo de franchising. E só havia um jeito de redigi-lo: abrindo um novo ponto comercial, em que acompanhassem de perto o passo a passo e pudessem estampá-lo no papel. Rio Claro não comportava uma nova unidade e, por isso, escolheram Araras, uma cidade que atendia aos requisitos definidos pelos dois para o projeto de expansão. Com cerca de 100 mil habitantes, o que garantia um bom mercado consumidor, estava a apenas vinte quilômetros da sede e, o melhor de tudo, não tinha concorrentes instalados.

Definida a cidade, escolheram o ponto, contrataram os primeiros funcionários, treinaram o pessoal, divulgaram a marca e deram o pontapé inicial na operação — anotando cada etapa do processo. Um ano depois, em 1998, com os bons resultados obtidos na loja de Araras e o material teórico pronto e registrado, chegara a hora do teste, ou seja, de lançar a primeira franquia. Havia ainda uma pergunta em aberto: quem seria o franqueado? A resposta estava dentro de casa. Naquele ano, Altino e Expedito fecharam as portas da construtora e chamaram um dos engenheiros que lá trabalhava. Era um sujeito jovem, recém-formado e, mais importante, com a "faca nos dentes", ou seja, tinha muita vontade de trabalho e de ascensão profissional. A escolha do novo mercado, o município de Americana, seguiu os mesmos critérios utilizados para a abertura da loja anterior. Próxima de Rio Claro (distância de sessenta quilômetros), de porte médio (pouco mais de 170 mil habitantes na época) e sem concorrentes instalados, Americana parecia reunir as condições para receber a bandeira da Casa do Construtor. Ao mesmo tempo, abriram um novo ponto em Limeira, cidade de 230 mil habitantes localizada na mesma região. Ali, havia dois concorrentes.

"Foi novamente um excelente aprendizado", diz Expedito. A existência de concorrentes na praça pouco afeta o negócio. Onde eles não estavam presentes, a Casa do Construtor formava o mercado de acordo com seu estilo. Nos municípios onde havia concorrência, a Casa também se saía bem, pois aproveitava a cultura de locação já estabelecida e utilizava a nova abordagem como vantagem competitiva. Prova disso é que as lojas de Limeira e de Americana se desenvolveram rapidamente.

O retorno positivo dessas duas unidades desencadeou o processo de expansão geográfica — primeiro em direção às cidades mais próximas de Rio Claro (como Santa Bárbara, São Carlos, Mogi Guaçu, Sumaré, Leme e Porto Ferreira), e depois rumo a praças mais distantes, como Araçatuba. A Casa do Construtor poderia ter um porte ainda maior, na avaliação do próprio Altino. "Fomos tímidos durante muito tempo", afirma ele. Um dos motivos era o processo criterioso de seleção dos franqueados. "Temos orgulho de nunca ter fechado uma franquia em nossa história", diz Expedito. A expansão mais acelerada teve início a partir de contatos com a Endeavor. Das conversas com mentores e empresários ligados à entidade, a dupla de sócios extraiu pelo menos três lições:

Primeira: aumentar o número de lojas próprias. Nelas, a rentabilidade pode chegar a 50%, índice bem superior ao retorno obtido com os pontos franqueados, que pagam royalties de 8% sobre o faturamento. O conselho foi incorporado ao plano de expansão. Em 2020, Altino e Expedito esperam que 10% das mil lojas planejadas sejam geridas pela própria empresa.

Segunda: acelerar o crescimento. Até 2008, ou seja, quinze anos depois da fundação, a rede da empresa somava quarenta lojas. De 2008 a 2013, esse número quintuplicou.

Terceira: devia estruturar a empresa internamente, o que viria a ocorrer com um acordo de acionistas. Um conselho de administração foi montado e a empresa passou a sofrer auditorias externas.

O caminho para aplicar as três lições está traçado, mas ainda não foi inteiramente percorrido, avalia Lucas, da Endeavor. Em sua opinião, os sócios têm grandes desafios à frente. Um deles é reforçar o profissionalismo nas relações com funcionários e franqueados. "A fase de expansão exige pessoas com perfis diferentes daquelas que colaboraram no início do negócio", afirma Lucas. "Algumas vezes, será necessário demitir funcionários antigos, com quem criaram uma relação de amizade. Para ambos, é um dilema, um fator de angústia pessoal."

Além da mudança de perfil, o plano ousado de expansão exigirá aumento da equipe, o que coloca o desafio de manter uma cultura empresarial desenvolvida à imagem e semelhança dos fundadores do negócio. A simplicidade é um traço visível, revelado numa simples conversa com os dois sócios. A intuição, também — uma característica que deve ser preservada, na visão de Altino. "Sem intuição, é difícil enfrentar e superar a imprevisibilidade, parte integrante de qualquer negócio", diz ele. E imediatamente faz uma ressalva: "Mas, isolada e desacompanhada do estudo e do conhecimento, se torna inócua".

Altino sempre seguiu esse princípio. Quando começou a lecionar, anos antes da fundação da Casa do Construtor, matriculou-se numa faculdade de pedagogia. Ao deparar com a necessidade de informatizar suas empresas, ingressou numa escola de análise de sistemas. O interesse por franquias o levou a participar de cursos na Associação Brasileira de Franchising e a um MBA sobre o assunto na FIA. Feiras internacionais e revistas internacionais sobre aluguel de equipamentos fazem parte de sua rotina. "Nunca parei de estudar", afirma.

A crença no poder da educação explica porque a Casa do Construtor mantém uma universidade corporativa para formação de mecânicos, operadores logísticos e vendedores, entre outros especialistas. O objetivo é suprir a necessidade de pessoal das lojas e ajudar clientes no desenvolvimento de seus funcionários. A empresa dá agora os últimos retoques num sistema de ensino à distância. Todos os anos, uma equipe é designada para viagens ao exterior com a missão de identificar as novidades no setor de locação de máquinas. "É claro que a empresa tem retorno com essas iniciativas, mas também provocamos um efeito positivo em milhares de pessoas. Transformamos um sonho individual em sonho coletivo. Essa é a competência essencial do empreendedor." Altino e Expedito têm essa mesma visão, reflexo de uma crença que carregam desde os tempos de juventude e testemunho de uma unidade de valores que foi fundamental para criar um negócio de alto impacto em suas vidas e na sociedade.

UM RAIO X DA
CASA DO CONSTRUTOR

- **EMPREENDEDORES:** Altino Cristofoletti Junior e Expedito Arena
- **ANO DE FUNDAÇÃO:** 1993
- **FUNCIONÁRIOS:** 50
- **FRANQUIAS:** 200
- **SEDE:** Rio Claro-SP
- **O QUE FAZ:** Aluguel de equipamentos para construção civil.
- **WEBSITE:** www.casadoconstrutor.com.br
- **SONHO GRANDE:** Ser a maior e melhor rede de franquias do Brasil, solucionando as necessidades de locação de máquinas de pequeno porte na construção civil.

ALTINO

EXPEDITO

9. CLEARSALE

> "Ver as pessoas crescerem comigo
> é meu maior prazer como empreendedor.
> É o que me faz feliz."
>
> PEDRO CHIAMULERA

VISÃO DO MENTOR
CARLOS ANDRÉ

FOI DURANTE UM ENCONTRO DE GESTÃO entre empreendedores e mentores orquestrado pela Endeavor que tive o primeiro contato com Pedro e Bernardo.

Naquela ocasião, a Clearsale e outras três empresas estavam presentes no painel de performance de vendas e go-to-market. A sinergia ocorreu naturalmente pelas possibilidades do negócio e principalmente pela conexão de conhecimentos e estilos, que foram determinantes para o início do projeto.

A partir de então, iniciamos uma imersão organizacional buscando questionar os resultados obtidos até então. Nesta fase, a disciplina, a coerência e a disponibilidade de ambos foram importantes para propiciar acesso a dados relevantes, ao compartilhamento das informações e à discussão das análises, de tal forma que este ciclo permitisse uma visão real e que questionasse verdadeiramente o status quo.

Foram meses dedicados a análise de dados referentes a histórico de clientes, concorrentes, mercado de atuação e potencial, o que nos possibilitou fundamentar e esclarecer as necessidades para a próxima fase do trabalho.

A experiência adquirida nos últimos anos pela Clearsale era

importante, entretanto, no decorrer de nossas interações ficou claro que o crescimento a partir daquele ponto passaria pela alteração da estratégia de go-to-market.

Estava aí definido os próximos passos que norteariam nossas ações conjuntas: a área de vendas precisaria ser totalmente remodelada, em todos os seus aspectos, o que incluiria pessoas, objetivos, processos e sua conexão com os demais departamentos.

E assim, a fase de implementação iniciou-se através da formalização da área, que até então era gerida por um de seus vendedores, com atribuições adicionais a atividade comercial. Tais atribuições impediam o foco em ações que pudessem trazer resultados significativos.

A formalização da área ocorreu simultaneamente ao estabelecimento de processos que auxiliram o acompanhamento regular e a contratação de consultoria cujo objetivo foi revisar os planos de compensação.

Integrar todos estes elementos é uma tarefa complexa em empresas de todos os tamanhos, e na Clearsale, esta tarefa foi facilitada devido a existência de uma via de comunicação aberta para que as ideias pudessem fluir de maneira clara. As reuniões periódicas para acompanhamento das metas proporcionaram proximidade aos acontecimentos e a tomada de decisões necessárias para corrigir a rota de maneira rápida e objetiva.

O resultado desse processo foi um departamento comercial sólido, que contribuiu para o crescimento significativo das vendas em 2012 e para a criação de condições que acompanharão seus avanços nos próximos anos.

Um crescimento intenso como este requer disciplina, comprometimento e, principalmente, a evolução gerencial de seus fundadores, para que possam continuar a investir tempo e capital na direção correta.

O amadurecimento organizacional transformou a Clearsale em todos os aspectos na mesma proporção e certamente esta nova essência estará presente nos próximos anos, fazendo com que possa reinventar-se de forma contínua em busca do sucesso.

Cada etapa de crescimento a colocará diante de desafios cada vez mais complexos, entretanto, a estrutura criada, aliada ao espírito jovem, único e criativo de seus sócios estimula e gera uma cultura extremamente saudável, atraindo talentos e motivando seus colaboradores a de fato abraçarem a mudança. Este é, e continuará a ser, o diferencial importante para a continuidade de sua trajetória.

É motivo de orgulho fazer parte da história desta empresa genuinamente brasileira, para a qual desejo êxito e que mais e mais tenham motivos para celebrar!

CARLOS ANDRÉ é executivo, empreendedor, otimista e exigente por natureza. Formado por grandes instituições de ensino no Brasil e no mundo, empenha-se a cada dia em buscar novas estratégias que fomentem o crescimento das empresas onde atua.

UM SONHO GRANDE NA LINHA DE CHEGADA

PEDRO CHIAMULERA ERA UM BOM ATLETA. Um dos melhores do Brasil nos anos 1990. Tão bom que em 1992 vestiu a camiseta verde e amarela nos Jogos Olímpicos de Barcelona para disputar a prova dos quatrocentos metros com barreiras. Nos treinos e nas competições preliminares, era uma fera. Batia sucessivos recordes sul-americanos. Quando entrou na pista de Barcelona, porém, Pedro não passou das eliminatórias ao levar um tombo espetacular na oitava barreira. "Eu era amarelão", diverte-se. Final de carreira? Não. Quatro anos depois, lá estava ele novamente em pistas internacionais, dessa vez nas Olimpíadas de Atlanta, nos Estados Unidos, representando seu país nos 110 metros com barreiras. Nunca subiu ao pódio, mas ostenta no currículo uma conquista importante para qualquer atleta: a participação no maior evento esportivo global (no caso, por duas vezes).

Já como empreendedor, Pedro atingiu, sim, o pódio — aliás, o patamar mais elevado. Hoje, a Clearsale, empresa fundada por ele em 2001, é líder absoluta em soluções para detecção de fraudes no chamado comércio não presencial, ou e-commerce. Sua missão é barrar a ação de fraudadores que tentam adquirir bens e serviços (como passagens aéreas, eletroeletrônicos, sapatos, celulares etc.) utilizando cartões de crédito clonados, documentos de identidade falsificados ou o nome de outra pessoa. Mais de 75% do valor das 100 milhões de transações de compra e venda realizadas na web passa pelo pente-fino dos sistemas da companhia. Para se ter uma ideia da dimensão do negócio, o e--commerce movimentou cerca de 31 bilhões de reais no Brasil em 2013. A empresa atende oito das dez maiores redes varejistas do país e quatro das cinco principais operadoras de telefonia móvel. Em 2013, evitou fraudes no valor de 540 milhões de reais para seus 1200 clientes. A cada cem CPFs analisados por seus sistemas, a companhia possui cadastro de 85 deles.

Diante desses números, a trajetória nos negócios parece menos acidentada do que nas pistas de atletismo. Em termos. Pedro enfrentou situações de sufoco na Clearsale, daquelas que fariam um sujeito comum desistir da empreitada. Em 2005, por exemplo, perdeu, em questão de semanas, 23 programadores da equipe de desenvolvimento. Sobraram dois. Nessas fases, a experiência acumulada nas competições serviu de estímulo. "A vida esportiva inspira a vida do empreendedor", afirma ele. "Tanto o atleta quanto o empreendedor convivem com cobranças, metas, superação e a necessidade de se motivar sozinho. Em certos aspectos, são atividades extremamente solitárias."

Para Pedro, a trajetória de uma companhia se assemelha às provas de 110 e 440 metros com barreiras que disputava na juventude. "O atleta sai em disparada, supera um obstáculo e, dez metros adiante, encontra outro. E mais outro. E mais outro. Há concorrentes por todos os lados, que se esforçam para chegar à sua frente", compara. "O estímulo vem da visão da linha de chegada e do sonho de chegar ao pódio." Nos dois casos, o alívio conquistado pela vitória é apenas temporário. "A medalha implica mais responsabilidade. O nível não pode cair e, em breve, você terá de disputar outras competições."

Segundo ele, sua história de vida o auxiliou a enfrentar as circunstâncias impostas pelo atletismo e pelo empreendedorismo. Nascido em Curitiba em 1964, caçula entre dez irmãos, Pedro foi fortemente influenciado pelo pai, Armando Chiamulera, um desbravador de terras que participou da fundação de duas pequenas cidades no interior do Paraná, Ivatuba e Nova Londrina. Por conta da atividade de seu Armando, adquiriu um caráter meio nômade. De um dos irmãos, Pedro herdou o gosto pelo atletismo e a paixão pela competição. Com ele, deu início, em 1979, à carreira esportiva que lhe proporcionou uma bolsa de estudos na Universidade de Oregon, Estados Unidos, em 1986. Depois se transferiu para uma instituição de ensino em San Diego, na Califórnia. A carreira esportiva se estendeu até 1997, quando abandonou de vez as pistas, quatro anos depois de voltar ao Brasil.

Tinha então 34 anos, nenhuma experiência profissional, tampouco um rumo traçado para sua vida. Mas a passagem por território americano havia lhe propiciado um diploma universitário, em ciência da computação. Graças a ele, conseguiu um emprego na Softway, empresa que desenvolve softwares para contact centers. Ficou pouco tempo por lá, pois logo surgiu uma oportunidade de prestar consultoria para a C&A. A subsidiária da gigante holandesa desenvolvia naquele momento um sistema de vendas por catálogo, e Pedro foi convidado para estruturar toda a plataforma de venda não presencial.

Meses depois de ingressar na empresa, conheceu um jovem recém-formado em estatística na Unicamp. Era o primeiro dia de trabalho de Bernardo Lustosa. Logo, uma coincidência chamou a atenção dos dois: no seu trabalho de conclusão de curso, Bernardo desenvolveu um modelo estatístico para prever os resultados das provas de atletismo dos Jogos Olímpicos de Atenas, que seriam realizados naquele mesmo ano, 2000. Despretensiosa e casual, a conversa seria o início de uma longa amizade e a semente de uma bem-sucedida parceria nos negócios — em 2008, Bernardo e Pedro se tornariam sócios e ambos protagonizariam a incrível arrancada da Clearsale. O encontro de 2000 carregava ainda um simbolismo que, somente anos depois, os dois perceberam. Enquanto Pedro conhecia o assunto (atletismo) na prática, Bernardo se dedicava à busca de um sistema que o tornasse mais previsível e controlável. Em linhas gerais, essa mesma divisão de trabalho foi a base da sociedade de ambos. Antes que a união se concretizasse, no entanto, cada um deles percorreria seu próprio caminho, sem nunca perder contato.

Pedro, por exemplo, acrescentou uma segunda empresa à sua embrionária carteira de clientes, depois da C&A. Numa festa de aniversário, encontrou um executivo do Submarino, que comentou sobre a necessidade de um software de prevenção contra fraudes. Pedro se ofereceu para fazer uma proposta e varou a noite preparando a apresentação para um trabalho que nunca tinha feito, segundo ele. Fechou o negócio. Feliz da vida, fez uma pergunta a si mesmo: "E agora?". Correu atrás de um programador e colocou o sistema para funcionar. Era 2001, e ali, com a contratação do primeiro funcionário, a Clearsale nasceu oficialmente. Logo depois, veio outra conquista. A Americanas.com se tornaria seu segundo cliente. Assim, em pouco mais de um ano de existência, a empresa recém-nascida já atendia as duas maiores operadoras de e-commerce do país.

O caminho para a consolidação estava aberto e tudo indicava que seria promissor. Pedro se revelou um tremendo vendedor. Não tinha técnica, mas muito entusiasmo, que ele define como "paixão pelo negócio". Felipe Gasko, hoje gestor da Endeavor responsável pelo acompanhamento da Clearsale, comenta sobre Pedro: "Ele é espontâneo e genuíno e transmite muita confiança. Os clientes são conquistados por esse estilo". O próprio Pedro completa: "Eu não tinha um plano estabelecido. O que me movia era a vontade imensa de fazer coisas. Ia ao cliente, vendia um produto e só depois me preocupava com como entregaria".

É uma atitude que pode mascarar um mandamento não escrito do empreendedorismo: uma boa ideia desenvolvida com planejamento, mas sem paixão, gera uma empresa estéril. Por outro lado, uma ideia desenvolvida com paixão e sem planejamento gera uma empresa anêmica. "A intuição deve andar acompanhada da razão", resume Felipe, da Endeavor.

No caso da Clearsale, a pouca intimidade com estratégia de negócios começou a cobrar seu preço em 2005. Na ocasião, um boom no mercado de tecnologia transformou os profissionais em alvos disputadíssimos e provocou uma debandada em massa da equipe. Dos 25 programadores, sobraram apenas dois.

A fuga em massa era o sintoma mais evidente de uma gestão tocada na base de entusiasmo e voluntarismo, sem controle, política ou organização. A maior parte do quadro de funcionários era formada por estagiários. Junto com empréstimos tomados em bancos, vinham títulos de capitalização. Os impostos eram pagos com atraso — e, muitas vezes, nem eram pagos. Somente em 2007, com o Refis, o programa oficial de renegociação de dívidas tributárias, a situação fiscal começou a ser regularizada — e foi equacionada em definitivo em 2009. A Clearsale não tinha sequer uma política de "pricing", o modelo para definição do preço a ser cobrado do cliente. "Eu calculava quanto tempo o estagiário consumiria para desenvolver o projeto e basicamente esse era o valor final", diz Pedro. "Não considerava outros custos, como impostos, e não me preocupava em incluir projeção de risco, lucro e até a minha própria remuneração." Os contratos eram fechados por valores ínfimos, inferiores a 3 mil reais mensais.

Os sacrifícios pessoais cresceram em ritmo semelhante ao da crise nos negócios. O carro de Pedro foi vendido. O único imóvel da família foi penhorado. As contas e despesas domésticas eram bancadas pela esposa Lie. De quebra, ela ainda emprestava algum dinheiro para o marido. Nos momentos de maior aperto, funcionários mais antigos também colocavam a mão no próprio bolso para minimizar o desequilíbrio financeiro. Bernardo, mesmo antes de se tornar sócio, dava sua contribuição, com a prestação de serviços extras no mercado e consultoria na área de estatística. Pedro recorria a bancos com frequência cada vez maior.

Para agradar aos gerentes, acumulava títulos de capitalização e até consórcios de eletrodomésticos.

A carteira de clientes emagrecia. Contratos venciam e não eram renovados. Sem estrutura para prestar serviços em diversas frentes, Pedro concentrou os esforços na prevenção contra fraudes. Dois fatores pesaram na decisão: primeiro, era a atividade com maior retorno financeiro; segundo, tinha exclusividade no atendimento a algumas grandes companhias como a Americanas.com. "Até então, não tínhamos foco. Fazíamos de tudo. Aceitávamos desenvolver softwares em qualquer área de especialização. A crise nos obrigou a definir uma trilha a seguir. Transformamos o limão em limonada", diz ele, otimista como sempre. Hoje, ele entende que alguém iniciando carreira solo não pode atirar para todos os lados: "Tenha foco, pois você não terá energia para tocar mais de um negócio ao mesmo tempo".

Naquele momento, a Clearsale também definiu seu propósito: evitar que os clientes fossem vítimas de fraudes em transações eletrônicas. Note que a empresa se compromete a "evitar", e "não dar suporte para evitar" fraudes — uma diferença sutil, mas profunda. Ou seja, a Clearsale não apenas vende uma ferramenta contra esse tipo de crime; ela entrega uma solução completa. O apego a esse conceito levou a companhia a sucessivas evoluções no modelo de negócios, sustentadas por inovação e saltos tecnológicos, como mostram as quatro fases da história da companhia:

1. A Clearsale nasceu como uma empresa de tecnologia da informação. Seu portfólio de produtos oferecia softwares para gestão de filas e algumas "regrinhas antifraudes", nas palavras de Pedro. Eram sistemas sem inteligência analítica, isto é, os dados não eram ponderados.
2. Anos depois, as ferramentas da companhia passaram a incorporar elementos de inteligência estatística. As informações coletadas em cada transação passaram a

alimentar um banco de dados que identifica comportamentos típicos dos criminosos, tornando mais sofisticado o processo de identificação de golpes. Ou seja, a empresa "aprendera" permanentemente como os fraudadores pensavam, planejavam e agiam.
3. O passo seguinte significou um exemplo de grande inovação com a quebra de um paradigma. A empresa desenvolveu uma base de dados única, incluindo nela os cadastros de todos os clientes. Assim, quando um fraudador agisse pela primeira vez (ou usasse um artifício inédito), essa informação já se tornaria conhecida de todos os analistas da Clearsale e, por meio deles, de cada cliente. "Utilizamos as informações de um cliente para proteger o outro", explica Bernardo. Embora fosse possível pensar que os clientes ficariam incomodados com a exposição, Pedro garante que isso não acontece: "Mostramos a eles que a fraude não é um diferencial competitivo e, por isso, poderiam trabalhar juntos. Além disso, não vendemos mailing ou realizamos qualquer ação de marketing com essas informações".
4. Mesmo com a solução inovadora, a incidência de fraudes não cedeu; e o número de compras que a loja cancelava erroneamente por achar que se tratava de fraude também não caiu. Por quê? A Clearsale entregava o sistema ao cliente e cabia a ele gerenciá-lo. "Ora, o negócio de uma varejista é vender produtos, não administrar esse serviço", explica Pedro. "Ao entregar mais uma tarefa a ele, criamos um problema, não entregamos a solução." E qual seria a solução? A resposta surgiu durante um café que Pedro e Bernardo tomavam com alguns diretores num bar próximo à sede da companhia. "A própria Clearsale aprovaria ou não as vendas pela internet para nossos clientes", conta Pedro. A empresa montou um time de analistas, isto é, operadores de call center treinados para

detectar fraudes. A maior parte dos pedidos de compras é liberada automaticamente com base nas informações do banco de dados. Caso haja alguma dissonância, parte-se para a "análise manual", isto é, um analista telefonará para o comprador e verificará se ele realmente está efetuando a transação. "Para nós, seria mais fácil não fazer a análise manual. Dá menos trabalho", afirma Pedro. "Mas não seria justo barrar uma aquisição e prejudicar o consumidor simplesmente porque ele está adquirindo um produto diferente ou solicitando a entrega num endereço que não é usual. É um princípio ético de nossa parte."

O modelo inédito lançado pela Clearsale apresentou resultados vistosos. Em alguns casos, o índice de cancelamentos de compras pelas lojas caiu de 14% para 3% em uma semana. As ocorrências de fraudes desabaram de 5% para 0,3% em apenas alguns meses. A saída encontrada surpreendeu até gente especializada em estratégias corporativas, como Felipe, da Endeavor. "Do ponto de vista de um negócio de base tecnológica, não faz sentido criar um call center, pois não faz parte da vocação da empresa", diz ele. "Mas a vocação da Clearsale é resolver o problema do cliente, e não vender ferramentas de gestão. Portanto, o call center passa a fazer sentido."

A Clearsale colocou no mercado duas versões do programa. Numa delas, chamada Total, compromete-se com alguns indicadores. As fraudes não podem superar 0,5% do volume de transações; do total de pedidos de compras, 97% devem ser aprovados, sendo 95% deles no mesmo dia e 5% no prazo de 48 horas; caso as metas não sejam atingidas, o cliente ganha desconto na fatura. Na média, a Clearsale cobra cerca de 2,50 reais por transação.

A segunda versão, Total Guaranteed, é mais ousada — e mais cara (a remuneração varia entre 1,5% e 4% do valor da transação). Todas as fraudes são integralmente estornadas pela Clearsale. "É uma demonstração de confiança absoluta na solução oferecida e no modelo de negócios", avalia Felipe, da Endeavor.

A resposta do mercado foi imediata. Lançada em 2008, as duas versões catapultaram os resultados da companhia e colocaram a Clearsale em um patamar inédito — ou, podemos dizer, no topo do pódio. Desde então, as receitas avançaram com velocidade de um campeão de cem metros rasos. Naquele ano, a receita era de 1,8 milhão de reais. Saltou para 7,8 milhões em 2009 e 17 milhões em 2010. Em 2013, chegou a 62 milhões. Ou seja, um crescimento de quase 35 vezes em cinco anos.

Pedro utiliza uma linha de tempo para ilustrar a incrível evolução da empresa. Segundo ele, em dezembro de 2007, a Clearsale não tinha caixa para pagar os salários do mês seguinte. Um contrato fechado com o Pão de Açúcar salvou as finanças em cima da hora. Em 2008, mal pagava os impostos e recorria a bancos para alimentar o capital de giro. Em outubro de 2009, o balanço entrou no azul. Em 2010, veio o aval externo. O fundo de investimentos Pacific e a Rosenberg Partners adquiriram 35% do capital da empresa. "Àquela altura, já não tínhamos problemas de caixa, mas precisávamos de governança e de uma visão externa, que inclusive fosse um contraponto às nossas opiniões", diz Bernardo.

O início da arrancada da Clearsale em 2008 coincidiu com a chegada de Bernardo na condição de sócio na companhia. Na avaliação de Felipe, da Endeavor, não se trata de obra do acaso. Para ele, o trabalho conjunto de Pedro e Bernardo segue o modelo recomendado por especialistas para uma sociedade sólida e duradoura, na qual cada um contribui com características diversas, mas não conflitantes e até complementares. "Eles personificam a dualidade necessária a uma parceria", diz Felipe. Um dos principais estudiosos do tema no Brasil, o consultor e mentor da Endeavor, Renato Bernhoeft, defende que a confiança mútua é imprescindível, mas não suficiente. "É necessário estabelecer uma relação de cumplicidade inabalável, que reforce a confiança conquistada", escreveu em seu livro *Manual de sobrevivên-*

cia para sócios e herdeiros, da Editora Nobel. E completou: "nas sociedades comerciais, a cumplicidade ganha um caráter mais intenso porque envolve interesses e realização".

Pedro e Bernardo são pessoas muito diferentes e o que os une é justamente a confiança e a cumplicidade às quais Bernhoeft se refere. Pedro adora conversar. Quando fala (e ele fala muito), alia o entusiasmo de um vendedor à paixão de um pregador religioso. Com mais de 1,90 de altura, impõe-se pelo porte e pelo otimismo com que tempera suas frases. Depois de ouvi-lo por alguns minutos, problemas e dificuldades parecem detalhes, apenas um toque de pimenta que dá mais sabor a uma receita. Em 2011, em comemoração a seus dez anos, a Clearsale lançou um livro com dezenas de fotos dos sócios e dos demais colaboradores. Não há uma única em que Pedro não está sorrindo. O mesmo pode ser constatado em vídeos institucionais da companhia. O principal acionista aparece até dando saltos numa competição interna (mais uma manifestação do passado esportivo). Mesmo nos períodos mais difíceis, a animação não cede espaço ao pessimismo. No auge da crise em 2005, ligava para Bernardo, o futuro sócio, e comentava: "Está tudo indo muito bem. Vamos continuar crescendo".

Um caminho para entender o estilo de Pedro é conhecer seu livro preferido, *O pequeno príncipe*, do francês Antoine de Saint-Exupéry, um dos maiores best-sellers editoriais de todos os tempos. É uma obra literária aparentemente "fácil" e destinada ao público infantil. Uma falsa impressão, alimentada pela banalização a que o livro foi submetido durante décadas. Na verdade, o texto é um tributo à sensibilidade e utiliza uma linguagem metafórica para difundir mensagens de esperança e necessidade de uma visão filosófica da vida. Simples, mas não simplório. "Gosto do livro, pois ele fala sobre quebra de paradigmas", explica Pedro.

O jeitão atirado de Pedro tem um contraponto no estilo de Bernardo, seu principal sócio. Contido, discreto e assertivo, é um sujeito de "muita concentração e muito siso, muita seriedade e pouco riso", para utilizar a expressão consagrada por Vinicius de Moraes. Ainda no livro sobre os dez anos da Clearsale, pode-se observar que não há uma única foto de Bernardo sorrindo

O livro favorito de Bernardo é *Uma mente brilhante*, a biografia do matemático John Forbes Nash Jr., vencedor do Prêmio Nobel de Economia em 1994, escrita por Sylvia Nasar. Não é difícil entender por quê. Nash é um gênio dos números e desenvolveu teorias matemáticas que ajudam a explicar muitas leis da economia. Formado em estatística pela Unicamp, Bernardo trafega com desenvoltura no universo dos números, sendo o responsável pelos modelos estatísticos nos quais os sistemas da Clearsale se baseiam. É aí que reside a contribuição fundamental dele para o sucesso do empreendimento. Seu profundo conhecimento matemático transforma as necessidades dos clientes em produtos e serviços inéditos e acessíveis. Mais: a agilidade em encontrar as soluções matemáticas adequadas e em desenvolver sistemas incorporou à cultura o traço de pioneirismo, um dos principais diferenciais no setor de tecnologia.

Enfim, se Pedro é o arquiteto, Bernardo é o calculista. Sua trajetória revela o que especialistas em empreendedorismo chamam de "inquietação construtiva", ou seja, um sentimento de insatisfação que leva à busca constante por novos desafios. Nos anos seguintes ao emprego na c&a, onde conheceu Pedro, Bernardo se transferiu para o Banco Ibi, braço financeiro da rede varejista. A seguir, passou em um concurso para trabalhar na Caixa Econômica Federal. Saiu de São Paulo e foi para Brasília, topando ganhar um salário menor. Deixou a área de suporte a vendas e mergulhou no setor de crédito. Talvez não soubesse definir com precisão o que perseguia, mas conseguia discernir exatamente aquilo que não queria: "Eu não gostava de trabalhar em empresas com políticas de pessoal que não privilegiavam o mérito".

Para completar a renda, dava aulas. Volta e meia comprava carros em leilões e os revendia, arrematando um pequeno lucro. Montou um modelo estatístico para investimento em ações. De quebra, atendia alguns clientes nas horas vagas. Mesmo assim, a falta de dinheiro era crônica. A mulher, Lela, também passara no concurso da Caixa, deixando assim a Tim, onde trabalhava, e reduzindo a própria renda em quatro vezes.

Nessa fase de muitas mudanças, o que permanecia inabalável era a amizade com Pedro. Falavam-se constantemente por telefone e Bernardo prestava serviços à distância para a Clearsale. A trajetória de ambos se assemelhava a duas estradas com traçados próprios que, de tempos em tempos, se cruzavam. Até que se fundiram em uma única via. Pedro sempre dizia a Bernardo que um dia ele seria sócio da empresa. E a profecia se confirmou.

Em 2008, a Clearsale já montara uma carteira de clientes respeitável. A Claro, uma das maiores operadoras de telefonia celular, estava lá. A Camisaria Colombo, rede de lojas de roupa masculina, também, assim como a Livraria Saraiva, a B2W e outras gigantes em seus setores de atuação. Eis aí um ingrediente importante para o crescimento de pequenos negócios, avalia Pedro: conquistar clientes de porte, mesmo com margem reduzida. "É um cartão de visita valioso", diz.

A estratégia, porém, exigia uma estrutura interna mais organizada, mais parruda. Pedro havia aprendido a lição em 2005, e a chegada de Bernardo era a resposta a tal necessidade. Enquanto Pedro era o homem das vendas e da motivação, Bernardo se voltaria mais à gestão e ao desenvolvimento dos modelos estatísticos. "Bernardo coloca no chão as ideias mirabolantes do Pedro", resume Felipe, da Endeavor. Sua visão sobre a dupla ajuda a esclarecer o modelo de negócios e a rápida expansão da companhia: "O motor da Clearsale é a criatividade de Pedro, com ideias que rompem os padrões, quebram paradigmas. Já Bernardo garante a inteligência estatística, sem a qual as ideias não se concretizariam".

A crise de 2005 deixou outro legado para Pedro. "Eu me perguntava por que todas aquelas pessoas tinham deixado a empresa", recorda. "Seria apenas pelos salários um pouco maiores? A resposta é não. Na verdade, não oferecíamos perspectivas, não conhecíamos seus anseios, suas angústias e alegrias. Enfim, não cuidávamos das pessoas." Pedro desenvolveu uma visão particular sobre a gestão de talentos. "Não tente separar o profissional da pessoa. A vida pessoal e a trajetória profissional se falam permanentemente e se alimentam mutuamente. Não há como separá-las, pois isso compromete o sucesso do negócio", afirma. "Não é possível empreender sem gente identificada e motivada." A intuição sussurrava algo a Pedro: era necessário falar com seu time — ou melhor, era necessário *ouvir* seu time. Desde então, passou a reservar uma hora de cada terça-feira para se reunir com os funcionários. Se havia algum princípio teórico da administração por trás da iniciativa (e havia), Pedro, naquele momento, ignorava. Havia roteiro e temas preestabelecidos. Poderia ser uma sessão de ginástica (afinal, estamos falando de um ex-atleta) ou um debate sobre um livro que algum dos presentes tivesse lido. Mas as conversas semanais foram o embrião de um sistema planejado e estruturado para comunicação com as equipes vigente até hoje — um sistema feito à imagem e semelhança de seu inspirador.

Com o tempo, as ações de motivação e envolvimento foram reunidas debaixo de um guarda-chuva único, a UAH. O objetivo é desenvolver os funcionários do ponto de vista pessoal e profissional. "Nós nos perguntávamos por que os colaboradores iam perdendo a criatividade", diz Pedro. "Porque em geral tudo é imposto dentro de uma empresa, e eles são vistos apenas como profissionais. Com a UAH, procuramos quebrar esse paradigma." A metodologia utilizada, a Roda & Registro, foi criada e aplicada na Clearsale pela pedagoga Cecília Warschauer, doutora em educação pela USP. Assim, a UAH abrange desde competições esportivas internas até grupos de discussões para a melhoria de processos de trabalho. O UAHalmoço, por exemplo, prevê almoços dos diretores com suas equipes a cada quinze dias. Já o UAHconversa permite que qualquer funcionário marque um encontro com Pedro ou Bernardo, os dois principais sócios da companhia, ou com os chamados "converseiros" para dar aconselhamentos sobre a vida.

O passo mais arrojado para a motivação interna é um programa de incentivo baseado em "phantom shares" (ações-fantasma, numa tradução literal), e a participação nos lucros e resultados (PLR). Pedro e Bernardo podem distribuir até 5% do capital da empresa para diretores, gerentes e talentos. O prêmio não é automático. Só recebe quem tiver avaliação positiva — e isso inclui envolvimento com o negócio e integração à cultura da companhia. "É meritocracia pura", afirma Bernardo. Até o momento, 2,5% do capital já está nas mãos de colaboradores. A PLR é baseada em 20% do lucro líquido da empresa.

Com tais iniciativas, os dois sócios procuram criar antídotos contra os riscos comuns a empresas com expansão acelerada. Nos últimos quatro anos, o número de funcionários saltou de 107 para os atuais setecentos. "Eles têm que continuar crescendo sem perder a cultura participativa e o ambiente amigável", alerta Felipe, da Endeavor. Na frase, está embutido outro desafio da Clearsale: "continuar crescendo" — o que leva naturalmente a empresa a olhar para além das fronteiras brasileiras. Aqui, seus sistemas estão presentes em três de cada quatro transações do comércio eletrônico. "Já chegou ao teto da participação de mercado", analisa Felipe. Por isso, o próximo alvo são os Estados Unidos. Os indicadores de fraudes e cancelamentos obtidos pela Clearsale são melhores do que os registrados no mercado americano. "Eles estão hoje no estágio em que nos encontrávamos em 2005", garante. "As fornecedoras desse tipo de serviço oferecem ferramentas para os clientes, mas não a solução completa com a gestão dos processos de compras." O desembarque será cuidadoso. "Não vamos montar uma estrutura antes de assinar nosso primeiro contrato. Vamos tatear o mercado, conhecê-lo, para depois nos aprofundar", avisa Pedro. Ou seja, mais uma vez, Pedro, Bernardo e a Clearsale sairão em disparada. Sabem que em poucos metros encontrarão uma barreira, seguida por outra, e mais outra, e mais outra.... Entretanto, a experiência de Pedro lhe dá uma certeza: depois de superar os obstáculos, há uma linha de chegada e, com ela, o sonho de conquistar o pódio mais uma vez.

UM RAIO X DA
CLEARSALE

EMPREENDEDORES: Pedro Chiamulera e Bernardo Lustosa

ANO DE FUNDAÇÃO: 2001

FUNCIONÁRIOS: 700

SEDE: São Paulo-SP

O QUE FAZ: Sistemas de gestão de risco de fraude em e-commerce.

WEBSITE: portal.clearsale.com.br

SONHO GRANDE: Transformar a relação entre consumidores e empresas através de decisões que se fundamentam em uma rede de informações pautada pela neutralidade, transparência e confiança.

PEDRO

BERNARDO

10. TOLIFE

> "Não vendo produtos.
> Vendo qualidade de vida e saúde para a sociedade."
>
> LEONARDO LIMA

VISÃO DO MENTOR
BRUNO BORGES SILVA

OS EMPREENDEDORES MAIS INTELIGENTES que conheço criaram seus negócios baseando-se em problemas vividos pela sociedade. Oferecer uma solução para um problema claramente percebido pelo cliente facilita muito as vendas e, consequentemente, o desenvolvimento da operação. Quando criou a ToLife, o empreendedor Leonardo Lima de Carvalho desenvolveu uma solução para a demora excessiva no atendimento em unidades de saúde. Porém, tal inspiração não veio do nada. Leonardo a concebeu depois de um bom período de experiência trabalhando com tecnologia da informação e no contato direto com unidades de saúde em sua última posição profissional. Foi quando teve o brilhantismo de perceber que os produtos disponíveis no mercado não atendiam às necessidades dos clientes e que havia a oportunidade de criar uma solução integrada, muito inovadora, para a classificação dos pacientes. O foco no cliente, na solução dos problemas e não na tecnologia, é uma característica marcante de Leonardo e deveria ser mais frequente em empreendedores de negócios de base tecnológica.

Como todo empreendimento de sucesso é feito muito mais de transpiração que de inspiração, Leonardo teve que trabalhar dia e noite durante meses até ter o produto pronto para comercialização. Mas não antes de aportar todas as suas economias e de convencer conhecidos a investir no negócio. Talvez ele tenha trabalhado ainda mais após o início das vendas, uma vez que a demanda foi muito superior à expectativa inicial. E parte importante do trabalho foi contratar pessoas qualificadas. Para quem conhece a ToLife, fica claro que outra virtude de Leonardo é sua capacidade de formar um time forte, com cabeça de dono, empenhado em fazer o empreendimento crescer.

Várias vezes ouvi Leonardo dizendo: "A ToLife é minha vida". Essa dedicação total à empresa é fundamental para o empreendedor, porque cada minuto é precioso para o desenvolvimento do negócio e seu exemplo é o que mais motiva a equipe formada. A constante capacidade de contornar os problemas que surgem naturalmente no desenvolvimento do empreendimento foi muito importante para o sucesso obtido até agora. E tal persistência continuará essencial para levar a empresa tão longe quanto os sonhos de Leonardo. Energia é o que não falta nesse empreendedor motivado em fazer acontecer, o que foi bem reconhecido quando ele se tornou empreendedor Endeavor.

Além da dedicação total, Leonardo tomou muito risco por acreditar completamente no negócio. Desde abrir mão da carreira como executivo de TI, passando pelo aporte das economias no negócio e a captação de vários empréstimos para o crescimento da empresa, até a mudança significativa no modelo de negócios da ToLife. Por esse e outros casos, acredito que a percepção de risco do empreendedor foge ao senso comum. Adicionalmente, me admira a capacidade de Leonardo de ouvir várias opiniões de pessoas de renome e acatar apenas as em que realmente acredita, seguindo a intuição empreendedora. Ou seja, não ficar preso nos riscos, não ter medo de errar e aprender com os erros. E com certeza as experiências e os relacionamentos do período anterior à criação da ToLife foram muito úteis para permitir que tivesse muito mais acertos que erros.

Pensamento inovador, presente desde a fundação da ToLife, é outra característica essencial para o empreendedor de sucesso. A boa ideia que deu início à empresa é hoje apenas uma peça no quebra-cabeça que foi montado com a ampliação do leque de produtos e serviços, e a mudança do modelo de negócios. Ao hardware integrado para classificação de pacientes foram somados softwares e pacotes de serviço, que passaram a ser vendidos em contratos recorrentes em vez de produtos únicos. As inovações, sempre convertidas em bens e serviços "que vendem", se tornaram significativos diferenciais competitivos que colocaram a ToLife em uma posição única no mercado de tecnologia para saúde.

O espírito associativo desde o início também foi muito importante para transformar a ideia em empresa de alto impacto. Isto é, para Leonardo, é nítido que vale a pena dividir o bolo para ter um pedaço muito maior ao final. É por ter certeza de que bons investidores trazem muito mais que dinheiro que ele realizou uma nova captação com *venture capitalists*. E, além de ter recebido investimentos na ToLife, também trouxe um sócio-investidor com experiência setorial para a ToCare, subsidiária da ToLife, que acredita ser um bom parceiro para fazer o negócio deslanchar e permitir que foque no core business. Esses foram mais dois passos importantes dessa história inspiradora. Leonardo e a ToLife vão longe!

BRUNO BORGES SILVA é sócio-fundador da Imeri Capital e foi associado da Private Equity da BRZ Investimentos.

TRÊS PAIXÕES E UM NEGÓCIO

DURANTE A INFÂNCIA E A ADOLESCÊNCIA, o mineiro Leonardo Lima de Carvalho cultivou o sonho de ser médico. A irmã e alguns primos haviam abraçado a profissão e, por conta disso, ele conhecia bem o glamour e os desafios da carreira. Mas, na hora de prestar vestibular, Leonardo se inscreveu no curso de ciências da computação na PUC de Belo Horizonte. "Descobri em cima da hora que gostava da área de saúde, mas não queria ser médico", recorda.

Leonardo não entrou no mundo da medicina, mas a medicina entrou em seu mundo. Hoje, ele é o principal acionista da ToLife, uma fornecedora de soluções tecnológicas para o setor de saúde com sede em Belo Horizonte. Criada em 2009, a companhia fatura cerca de 14 milhões de reais anuais e presta serviços a mais de 5 mil unidades de saúde, espalhadas por doze estados brasileiros. Seu principal foco encontra-se na classificação de risco clínico e na organização dos fluxos de atendimento nos estabelecimentos de saúde, possibilitando a gestão clínica dos episódios nos serviços de urgência e emergência. Em outras palavras, a empresa ajuda hospitais e unidades de saúde a colocar ordem na casa, organizando a fila para atendimento de pacientes nos prontos-socorros. "Esse é um dos grandes gargalos da saúde no país", explica Leonardo. "A falta de uma administração correta gera filas, insatisfação e irritação, e pode agravar o estado de saúde do paciente ou até levá-lo à morte." A desorganização exige estruturas cada vez maiores e dispendiosas, alimentando o crescimento dos custos.

O atendimento em pronto-socorro é o mais visível dos graves problemas no setor de saúde do país. Com dificuldades para pagar um médico ou marcar uma consulta, é para lá que os cidadãos correm quando sentem algum mal-estar, mesmo que não seja um caso de emergência. "É a porta que está sempre aberta", diz Leonardo. Não é necessário sair de casa para entender a dimensão do drama provocado por essa situação. Basta abrir um jornal ou ligar a televisão e observar as cenas de hospitais com saguões abarrotados de gente e relatos dramáticos sobre pacientes morrendo enquanto aguardam atendimento. Ao mesmo tempo, funcionários e médicos vivem em permanente angústia para decidir quem atender primeiro. É um problemão que, como todos os problemões, precisa de solução e, assim, gera grandes oportunidades de negócio. Daí, a origem da ToLife. "Costumo dizer que não vendo produtos. Vendo qualidade de vida e saúde para a sociedade", resume Leonardo. "Está escrito em nossa missão e por isso nunca, nem mesmo nos momentos mais difíceis, acordei angustiado por ter que trabalhar. A injeção de estímulo vem dessa certeza e do crescimento da empresa."

Casado e pai de dois filhos, Leonardo é um sujeito de frases diretas, sem floreios. Relata as dificuldades que enfrentou com a mesma naturalidade com que descreve as vitórias que obteve — estas maiores do que aquelas. Vê nessa dualidade a essência da vida profissional que escolheu. "Empreendedorismo é um jogo de erros e acertos", afirma ele. Também identifica em sua história de vida a semente da ToLife. De certa forma, a empresa é a soma de três de suas paixões: a medicina, a tecnologia e o empreendedorismo. A medicina vem da família e a tecnologia, da formação acadêmica. Já o empreendedorismo pode ser considerado um traço natural. Ainda criança, apanhava jambos no quintal da casa da avó e vendia ali mesmo, no portão, para quem passava pela rua. Anos mais tarde, já universitário, começou a entregar marmitex para funcionários de empresas localizadas entre sua casa e a PUC, onde estudava. "Minhas primeiras entregas foram de cinquenta unidades e logo depois esse número já havia subido para 150", conta, com orgulho. Não se tratava de um esforço de menino pobre, que precisava de dinheiro para complementar o orçamento da casa ou comprar doces na mercearia da esquina. Filho de uma pedagoga e de um advogado, sua vida familiar era confortável e isenta de dificuldades financeiras. "Eu gostava mesmo era de fazer negócio", diz.

A vocação empresarial, porém, não se manifestou imediatamente na fase adulta. Nos anos seguintes à conclusão do curso universitário, Leonardo construiu uma carreira como profissional de tecnologia da informação em diversas empresas, como a Stefanini, e organizações da área, como a Fumsoft, uma instituição sem fins lucrativos que apoia o desenvolvimento de pequenas empresas em Minas Gerais. Nesses locais, ascendeu na pirâmide hierárquica — de analista de programação a gerente de projetos. Essa experiência foi importante para um convite que surgiu em 2008, quando o governo de Minas Gerais passou a contratar profissionais de mercado para assumir projetos estratégicos do estado com o objetivo de profissionalizar a gestão e levar para dentro das secretarias de estado métodos e ferramentas utilizadas na iniciativa privada.

Leonardo foi convidado a assumir um projeto na Secretaria da Saúde: implantar a primeira Rede de Atenção às Urgências e Emergências do país e organizar o serviço de atendimento nas unidades de saúde, de acordo com o Protocolo de Manchester. Criado em 1994, o protocolo classifica o nível de gravidade dos pacientes que chegam a um pronto-socorro. Com base nos sintomas, eles são divididos em cinco categorias de risco. Cada uma delas (identificada por uma cor diferente) determina a urgência com que o atendimento deve ocorrer. O vermelho, mais crítico, indica que a assistência deve ser imediata. No outro extremo, o azul permite atendimento em até quatro horas. No dia a dia de um hospital que recebe continuamente dezenas de pessoas relatando os mais diversos males, essa tarefa torna-se complexa, já que é preciso cruzar indicadores (como temperatura e pressão) e dar prioridade a este ou aquele paciente. "Boa parte das vezes é um dilema", diz Leonardo.

O governo mineiro tinha como meta a implantação do protocolo em todos os 853 municípios do estado. Leonardo deparou-se com enormes dificuldades, já que seriam necessários nove diferentes fornecedores, como fabricantes de termômetros, de aparelhos de pressão, de medidores de glicose, de software, de sistemas de treinamento de pessoal, entre outros. O grande desafio encontrava-se não só na implantação, mas também na gestão e manutenção do sistema. E ainda havia outros aspectos a serem considerados, como a possibilidade de furtos de equipamentos ou o desvio para outros setores do hospital. "O aparato tecnológico exigido era amplo, o que dificultava a implantação e tornava o processo muito complexo, beirando o impossível", constatou Leonardo.

Aqueles dias de angústia diante do impasse o ajudaram a vislumbrar o embrião da ToLife. A solução seria desenvolver um equipamento que reunisse todas as funções e abrigasse um software com capacidade para gerenciar tudo isso — uma espécie de nove em um na área da saúde. Tinha, enfim, uma ideia na cabeça e o empreendedorismo no sangue, mas faltava o dinheiro no caixa para colocar o negócio em funcionamento. Havia dois caminhos. Um: buscar investidores institucionais. Dois: acionar seu networking e convencer conhecidos com certo fôlego financeiro sobre a viabilidade do projeto. Escolheu a segunda opção e, com a experiência acumulada na gerência da Fumsoft, rascunhou um plano de negócios. Em poucas semanas, levantou, entre recursos próprios e de terceiros, 1,25 milhão de reais. Leonardo ficou como sócio controlador da empresa.

Entre maio de 2009 e abril de 2010, dedicou-se ao desenvolvimento do Trius, o equipamento que reunia todas as funções necessárias para a gestão de risco nos hospitais. Com o produto em mãos, estava aberto o caminho para a ToLife. Durante esse período, as tarefas não se limitaram ao laboratório. Era necessário, por exemplo, obter autorização na Anvisa, a agência reguladora do setor da saúde, um processo cheio de minúcias e cautela que em geral se estende por anos. Para acelerar o processo, a ToLife demonstrou a inovação de seu produto, o que garantiu prioridade na avaliação por parte da agência.

Ao longo de quase um ano de gestação da empresa, Leonardo definiu alguns princípios mantidos até hoje e tomou algumas decisões que se revelaram equivocadas ou insuficientes para as necessidades da ToLife. "Sempre procuro entender o erro e encontrar suas origens. Dessa forma, evito cometê-los novamente e saio fortalecido do processo." Leonardo mantém a mesma postura diante das decisões corretas. "Nesse caso, a reflexão serve para melhorar o que já está dando certo", afirma.

Desde o início, a companhia estabeleceu uma rede de parceiros que lhe garantiu uma estrutura enxuta e mais produtiva — a ToLife tem hoje pouco mais de 35 funcionários. "Até hoje, fazemos muito mais do que nossa estrutura de pessoal permite", diz Leonardo. "Se fizéssemos tudo dentro de casa, esse número seria três vezes maior." Outra decisão importante foi patentear o "modelo de utilidade", ou seja, a solução, e não o equipamento — o que criou uma barreira mais eficiente contra eventuais aproveitadores dentro do prazo de quinze anos. Um escritório de São Paulo, especializado em propriedade intelectual, realizou uma ampla consulta no mundo e constatou que não havia nada semelhante ao que era oferecido pela ToLife no mercado. "Podem copiar o Trius e fazê-lo quadrado, redondo, pequeno, grande. Não importa. A inteligência embutida nele nos pertence", afirma Leonardo.

A fonte de financiamento, baseada no networking, trouxe vantagens e desvantagens. Com ela, Leonardo queimou etapas e reuniu o dinheiro necessário com mais agilidade do que se recorresse aos canais mais tradicionais, como bancos e fundos. Por outro lado, houve um preço a pagar. Sem traquejo de start-up, os investidores não possuíam aquilo que Leonardo chama de "cultura de risco", ou seja, tinham dificuldades em entender a dinâmica dos negócios e o tempo de maturação de uma empresa daquele porte. O retorno, é claro, não seria imediato e alguns dos patrocinadores começaram a se queixar. Mês após mês, a pressão cresceu continuamente e atingiu o auge quando o plano de negócios desenhado inicialmente e o volume captado se revelou tímido diante da real necessidade de capital. Em outras palavras: o montante de 1,25 milhão de reais não era suficiente. "Calculei apenas o valor necessário para o período de desenvolvimento do produto e para o estabelecimento da empresa", conta. "Não esperava uma demanda tão grande logo no início."

Assim que o Trius começou a sair, a demanda explodiu. E a ToLife não tinha capital de giro. Leonardo não havia previsto tal necessidade no plano de financiamento. Se esse ponto fosse incluído, a conta para o investimento inicial ficaria em torno de 4,5 milhões de reais. A saída foi correr aos bancos. "Sabe o que é sentar na frente de um gerente de banco e pedir um empréstimo de 4 milhões de reais para uma empresa que nunca faturou nada?", aponta Leonardo. O dinheiro veio, mas até hoje a ToLife enfrenta desafios em sua estrutura de capital.

O custo emocional revelou-se cada vez mais alto à medida que os desafios se colocavam à sua frente. Durante o ano em que se dedicou ao desenvolvimento do produto, Leonardo viveu numa espécie de mundo virtual. "Era um ambiente de permanente risco. Eu tinha uma empresa não estabelecida com um produto que não existia. Viajava o tempo todo em busca de tecnologia e soluções", relembra. Um dia estava na China; no outro, em Santa Rita do Sapucaí, cidade do no sul de Minas Gerais que abriga um conhecido polo de tecnologia. A pressão dos sócios era outra fonte de angústia, e ele acabou por adquirir a participação de dois deles. Hoje, são quatro os acionistas.

A saúde cobrou seu preço. Leonardo buscou ajuda psicológica para manter o equilíbrio emocional. Medicamentos passaram a fazer parte de seu dia a dia. Outros fatores se mostraram fundamentais para superar tais obstáculos. Um deles foi o apoio familiar. "Nunca houve um só questionamento da minha mulher a respeito da escolha em empreender. Isso me moveu", diz ele. Outro estímulo veio de algo que Leonardo chama de "crença na ideia". "Em momento algum duvidei do futuro e da viabilidade do negócio. É difícil explicar esse sentimento, pois não se baseia apenas em fatos concretos. Minha fé em Deus também move montanhas", diz, bem-humorado.

Em 2010, primeiro ano de atuação da empresa, foram vendidas 3 mil unidades do Trius. No ano seguinte, 2500 unidades de saúde tiveram a solução implantada.

O sucesso inicial não escondeu a necessidade de uma mudança nos rumos da empresa. O modelo de negócios inicialmente proposto não garantiria um longo futuro à ToLife. "O que eu estava oferecendo não resolvia o problema do cliente em sua totalidade", explica Leonardo. Num primeiro momento, a ToLife vendia apenas o equipamento e o software. Em uma tarde, estava tudo instalado. A relação entre a empresa e o cliente praticamente cessava, assim como o faturamento. "Indústrias que não agregam serviços ao seu portfólio podem vender sem parar, mas as receitas se esgotam no final da transação comercial", diz Paulo Arantes, gestor da Endeavor responsável pelo acompanhamento da ToLife. A utilização do sistema implicava em mudança de hábitos dos enfermeiros, atendentes e médicos das unidades de saúde. A simples instalação do Trius não garantia que ele passasse a ser utilizado. Sem a presença constante de profissionais da ToLife, hospitais e centros de saúde não acessavam todas as informações que o sistema era capaz de gerar e, por tabela, não extraíam o máximo dele. Sem acompanhamento, a tendência era desistir do Trius assim que surgisse alguma dificuldade no manuseio. Ele era, enfim, subutilizado. "Entregávamos uma Ferrari que era dirigida como um carro mil", compara Leonardo.

A ToLife mal havia nascido e se encontrava na iminência de mudar radicalmente seu perfil comercial e seu modelo de negócios. Mas em que direção? Paulo, da Endeavor, responde: "Na direção para a qual a indústria caminha, oferecendo produtos e serviços que estabelecem um relacionamento permanente com os clientes". Assim, a empresa passou a participar de todas as etapas antes e depois da instalação do equipamento. Seus técnicos desenham o fluxo para atendimento dos pacientes, adaptam o software para a realidade da unidade de saúde e desenvolvem o plano de comunicação e conscientização para o corpo clínico. A estrutura de tecnologia de informação também fica a cargo da ToLife, assim como o treinamento de novos funcionários, por intermédio de sistema de e-learning, desenvolvido sob medida para essa necessidade. "Passamos a fazer a gestão de todo o processo", diz Leonardo.

Em vez de serem vendidos, os equipamentos hoje são instalados nas unidades de saúde em regime de comodato, ou seja, eles continuam pertencendo à ToLife. Em contrapartida, os clientes pagam um valor mensalmente à companhia pelo direito de uso e pela prestação de serviços. "Assim, passamos a ter receita recorrente e não apenas no momento da comercialização dos aparelhos", explica Leonardo.

A nova fase exigiu mudanças no perfil profissional da equipe. Antes, a maior parte dos funcionários tinha bagagem em tecnologia. Hoje, 40% têm formação na área de saúde. "Nosso pessoal tem que falar a linguagem do cliente e conhecer a dinâmica de hospitais e centros de saúde", explica Leonardo. "A experiência na área de saúde do governo do próprio Leonardo o fez sentir na pele as necessidades dos clientes e se engajar na causa", aponta Paulo, da Endeavor.

Foi uma correção de rumos na trajetória da ToLife — e outras estão a caminho. "Cometi erros", afirma Leonardo. Um deles foi a internacionalização precipitada. Há cerca de um ano, a empresa desembarcou no México, depois de ter sido procurada por um parceiro local que não tinha recursos financeiros e uma rede de relacionamento suficientes para gerar negócios, segundo Leonardo. "Internacionalização é atraente, causa impacto. Facilmente um empreendedor cai nessa tentação", diz ele. A lição extraída do episódio foi: mirar o mercado externo apenas quando a operação local estiver inteiramente consolidada. Com apenas um cliente no país, a operação no México continua, sem, no entanto, consumir muita energia da equipe brasileira. "Não devíamos ter dado esse passo; agora, estamos tentando aprender com ele."

Para Leonardo, trata-se de um recuo momentâneo. A atuação fora das fronteiras, para ele, significa mais do que cumprir uma estratégia de negócios. É a concretização daquilo que define como seu sonho grande: criar uma organização reconhecida internacionalmente pela sua contribuição para o setor de saúde e pela sua capacidade de inovação e crescimento.

A internacionalização precoce não é a única decisão que Leonardo hoje questiona. Outro possível equívoco foi a construção de uma fábrica própria, localizada em Santa Rita do Sapucaí, no sul de Minas Gerais. A iniciativa consumiu muito dinheiro para uma empresa do porte da ToLife. Desde 2011, os investimentos somaram 2 milhões de reais e só em setembro de 2013 a Anvisa liberou o funcionamento. "Gastamos muita energia nesse processo em um momento errado. Muitos aconselharam a terceirizar a produção, pois esse não seria um diferencial e a vantagem competitiva da ToLife estava na inovação do sistema", diz Leonardo. Reflexivo, ele não descarta essas opiniões, mas carrega dúvidas: "Com a fábrica, tenho benefícios fiscais, e ela é uma barreira de entrada para eventuais concorrentes. Enfim, há prós e contras".

Talvez uma conclusão só venha com o tempo e os resultados da empresa. De qualquer forma, tropeços fazem parte da história de quem se arrisca na carreira solo, em parte, porque "quanto mais alta a cadeira, mais solitário o empreendedor fica e maior é o risco de decisões equivocadas", completa o próprio Leonardo. Maior também a angústia. Mas a solidão vem sendo minimizada. Em 2012, Leonardo foi selecionado como Empreendedor Endeavor, o que o inseriu num amplo espaço de convivência com alguns dos principais nomes do mundo corporativo brasileiro e a possibilidade de discussão de questões relativas à gestão e estratégias de negócios. Desde o início de 2013, ele negocia a captação de recursos junto a fundos de investimentos, em troca da cessão de parcela do capital da companhia. O dinheiro poderá ajudar no abatimento da dívida (aquela originada pela falta de capital de giro nos primeiros meses de vida do negócio). "O endividamento existe, mas não é o que nos move no processo de captação", diz Leonardo.

Então, por que captar? A mudança na estrutura societária implicaria a formação de um conselho de administração e, por tabela, a divisão do poder de decisão sobre os rumos da ToLife. "Autonomia demais não é bom", afirma Leonardo. Na bagagem, os novos acionistas trarão ainda uma rede de relacionamento relevante e experiências em modelos de negócios que podem ser aplicados à empresa. Já o dinheiro será utilizado para a expansão geográfica. Em dois terços dos estados brasileiros, a ToLife não possui força de vendas. Eis aí um passo mais complexo do que parece à primeira vista, avalia Paulo, da Endeavor. "O setor é muito regulamentado e as regras mudam de estado para estado, de município para município. A adaptação a cada cenário exige um esforço considerável", afirma ele.

Em contrapartida, a ToLife tem capacidade de produção, oferece uma solução única no mercado ("Não temos concorrentes diretos para o equipamento", diz Leonardo) e experimenta um forte argumento no número de negócios, já que, com o Trius, o tempo para classificação de risco cai no mínimo 50%. Isso representa agilidade no atendimento, mais facilidade de dimensionar equipes e, consequentemente, custos menores. Além disso, com o modelo de serviços, o desembolso inicial do cliente não é alto. O principal trunfo de Leonardo, segundo ele mesmo, está na resiliência. "É a palavra-chave do empreendedorismo", diz ele. "Se, na hora de criar a ToLife, eu considerasse todos os riscos, jamais teria construído a empresa. Essa força é vital."

UM RAIO X DA
TOLIFE

EMPREENDEDOR: Leonardo Lima
ANO DE FUNDAÇÃO: 2009
FUNCIONÁRIOS: 50
SEDE: Belo Horizonte-MG
O QUE FAZ: Soluções tecnológicas para a área de saúde.
WEBSITE: www.tolife.com.br
SONHO GRANDE: Criar uma organização reconhecida internacionalmente pela sua contribuição para o setor de saúde e pela sua capacidade de inovação e crescimento.

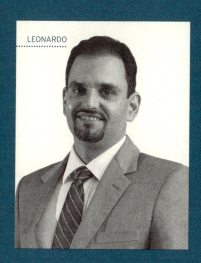
LEONARDO

UM RETRATO DO EMPREENDEDOR BRASILEIRO
O PONTO DE VISTA DA INTEGRATION

O DESENVOLVIMENTO DE UM PAÍS nasce do vigor da inovação, impulsionado pela disposição em competir, combinada à vontade de empreender e orientada pela eficácia gerencial. Uma análise cuidadosa das economias mais avançadas do mundo revelará a presença desses quatro elementos fundamentais. A história econômica dos Estados Unidos, do Japão, da Alemanha ou da Coreia do Sul, para ficar em alguns poucos exemplos, pode ser contada através da história de seus empreendedores. É essa também a conclusão que emerge da leitura deste *Vai que dá!*. Nele, o relato sobre a trajetória de dez empreendedores brasileiros joga luz sobre um novo e vibrante ambiente corporativo que, sem alarde, mas com profunda capacidade transformadora, está tomando forma no Brasil. As diferenças entre eles são sensíveis. Alguns nem sequer completaram trinta anos; outros são sexagenários. Vários apresentam uma sólida formação acadêmica; e há aqueles que não têm diploma universitário. Existem os que montaram seus negócios em grandes centros urbanos, como São Paulo e Belo Horizonte, enquanto outros começaram em cidades do interior, a exemplo de Rio Claro (SP) e São Borja (RS).

As semelhanças, porém, superam em muito as eventuais diferenças. Todos os empreendedores aqui retratados se caracterizam por motivações aparentemente contraditórias, mas na verdade complementares. Na construção de um negócio, há sonho e ciência, ousadia e cautela, impulso e planejamento, intuição e desenvolvimento profissional. A dose ministrada de cada uma dessas variáveis e o momento de utilizá-las determinarão o sucesso e a velocidade de expansão de um empreendimento.

A partir daí, identificamos dez premissas ou fatores de sucesso presentes em todos os cases, o que permite definir com razoável margem de segurança o perfil do empreendedor brasileiro (ou seria de qualquer empreendedor no mundo?). São eles:

1. Definição de um propósito;
2. O cliente em primeiro lugar;
3. Autoconfiança e multifuncionalidade;
4. Envolvimento de equipes;
5. Sócios e o espaço de cada um;
6. Capacidade e agilidade de adaptação a novas realidades;
7. Modelo de gestão e foco;
8. Inovação;
9. Gestão financeira;
10. Persistência e resiliência.

Além delas, anotamos cinco premissas específicas de uma empresa, mas que merecem ser analisadas com atenção. Assim, este livro provoca dois efeitos diferentes nos leitores, que não se excluem, mas se complementam. Um é a motivação. Os relatos sobre superação, persistência, conquistas e (por que não?) tropeços que permeiam todas as histórias fornecem altas doses de inspiração para aqueles que sonham em ter, ou já têm, seu próprio negócio — seja demonstrando que das dificuldades surgem as oportunidades, seja oferecendo soluções para problemas de gestão ou estratégia, seja simplesmente transmitindo uma visão otimista diante dos percalços do dia a dia.

O segundo efeito tem, digamos, um caráter mais científico. É possível identificar princípios e leis que regem o empreendedorismo e determinam o crescimento sustentado de uma companhia, desde o estágio embrionário à maturidade. Assim como todas as leis e princípios, são passíveis de interpretações e exceções. Trata-se de um método empírico que permite a sistematização de conhecimento a partir da experiência prática desses dez empreendedores. Não devem ser entendidos como regras pétreas, imutáveis, mas, sim, como o guia ou as placas de sinalização que orientam um profissional a percorrer o caminho que leva ao empreendedorismo. Vamos a elas:

1. DEFINIÇÃO DE UM PROPÓSITO

Uma leitura superficial e apressada da missão e da visão de qualquer organização pode sugerir que esses enunciados nada são além de declarações protocolares para constar em relatórios, sites ou apresentações a clientes. Não é bem assim, demonstram as histórias dos dez casos de *Vai que dá!*. Sobretudo para negócios em estágio inicial, o propósito do empreendedor funciona como uma espécie de GPS, que mantém a rota previamente traçada e evita inúmeras ameaças. Por exemplo: a tentação de diversificar é grande, e a missão ajuda a definir o que faz e o que não faz sentido nesse campo; o desânimo diante de uma dificuldade ou crise pode assombrar a saúde da empresa, por isso, o propósito não surge do negócio, e, sim, o contrário. Voltando à metáfora do GPS: ninguém liga o aparelho no final da viagem, mas, sim, ao entrar no carro. Diego Martins, da Acesso Digital, explica esse processo:

> O modelo de gestão estava desenhado, pelo menos em suas linhas gerais — faltava o negócio, como se o carro tivesse sido colocado à frente dos bois. Essa, porém, é a ordem natural das coisas, de acordo com o

conceito de Diego. "Antes da empresa, deve nascer a causa, o propósito", afirma. "Depois vem o negócio [...]".

E prossegue em outro ponto do texto:

> Diante de um desafio, é a força do sonho que conecta as pessoas, desde que ele seja factível. Essa é a base para a formação de um time."

O propósito surge como um sentimento difuso, sem contornos precisos. Com o tempo, adquire forma mais definida, estimulado por um processo de reflexão acerca da atividade e do relacionamento da empresa com seus diversos públicos. Leia o depoimento dos irmãos André e Luiz Eduardo Rezende, sócios da Prática, fabricante de fornos e equipamentos para cozinhas industriais:

> Além de um MBA na Fundação Getúlio Vargas de Pouso Alegre, fez diversos cursos no Sebrae. Nas salas de aula, ouvia muitas perguntas. O que você faz? O que você oferece? Aonde quer chegar? "As respostas às questões nos levaram a definir a visão, a missão e os valores da companhia", afirma. "Graças a isso, identificamos o DNA da Prática. Não é algo espontâneo, pois requer reflexão", completa, numa clara sintonia com a opinião de André.

Após a "reflexão" que identifica o "DNA" da companhia, como disse Luiz Eduardo, o propósito deve ser resumido em um enunciado — cuidadoso nas palavras, breve na exposição e consistente no significado. Foi a receita seguida por Darci Schneid, fundador da Sirtec, que se dedica a instalação e manutenção de redes elétricas:

> Esse depoimento ajuda a entender melhor a missão da Sirtec, resumida em uma frase: contribuir para o bem-estar e o desenvolvimento da humanidade. À primeira vista, parece generalista e pretensiosa. De tão

acessível, a energia elétrica se tornou algo banal, corriqueiro, a grande parte da população. Mesmo assim, todo mundo já teve que enfrentar uma queda de energia, ficando sem elevador, TV, banho quente, computador, música etc. e é só multiplicar o incômodo por dez, vinte, trinta anos ou a vida toda para ter empatia pelo outro. Para quem, como Darci, vivenciou pessoalmente a situação, a expressão "bem-estar e desenvolvimento da humanidade" nada tem de generalista e pretensiosa. "Ao contrário, é simples e precisa", afirma ele.

Bem elaborado e preciso, o propósito de uma companhia se transforma num poderoso instrumento de motivação para as equipes responsáveis pela empresa, pois é ele que dá a verdadeira dimensão das atividades dos colaboradores, por mais corriqueiras que pareçam. Mais uma vez, vale recorrer à história da Sirtec narrada no livro. Observe como a simples emenda de um cabo elétrico contribui para o "bem-estar da humanidade", conforme está escrito na missão da companhia:

Darci ouvia, mais uma vez, um argumento contrário à expansão mais acelerada dos negócios: "há carência de profissionais especializados". O empresário tomou então a palavra: "A partir de hoje é proibido falar em falta de mão de obra", lançando o programa de formação de eletricistas em comunidades carentes nas áreas de atuação da Sirtec. Os cursos são gratuitos e boa parte dos formandos passa a integrar o quadro de pessoal da própria companhia. Atualmente, 40% do corpo técnico vem do programa. "Existe grande senso de sustentabilidade nessa iniciativa", diz Felipe, da Endeavor. "A integração da ação social com o negócio é muito forte."

Os cursos também se tornam um canal de propagação da cultura da Sirtec. "O fator mais importante para bons resultados é o envolvimento dos funcionários. Um serviço rápido e bem-feito depende da disposição e da boa vontade deles", diz Darci. "É fator crítico de sucesso para esse tipo de negócio." O empreendedor faz questão de transmitir esse sentimento para todos os funcionários — e ele fala com cada um no momento da contratação. Para os eletricistas, pergunta: "O que você acha de sair de casa às duas horas da madrugada debaixo de chuva para subir num poste e emendar um cabo elétrico?". Se a resposta for "tudo bem" ou "não vejo problemas", um sinal amarelo se acende. "Ninguém gosta de trabalhar nessas condições, mas é inevitável. A motivação vem da consciência de que ele não vai emendar um cabo e, sim, possibilitar, por exemplo, que uma pessoa mantenha o respirador ligado, sem o qual não pode viver. O funcionário só vai trabalhar direito se entender esse significado", afirma, antes de concluir: "Emendar cabo é apenas a tarefa; o propósito é cumprir a missão".

A crença no propósito é também um antídoto contra as agruras presentes no dia a dia de qualquer empresa. Afinal, a função de um GPS é evitar que uma pessoa se desoriente no meio do caminho e garantir que sempre vislumbre o ponto de chegada. Leonardo Carvalho, da ToLife, utiliza esse antídoto diariamente e, graças a ele, não perde de vista o importante papel social de sua companhia:

"Vendo qualidade de vida e saúde para a sociedade", resume Leonardo. "Está escrito em nossa missão e por isso nunca, nem mesmo nos momentos mais difíceis, acordei angustiado por ter que trabalhar. A injeção de estímulo vem dessa certeza e do crescimento da empresa."

2. O CLIENTE EM PRIMEIRO LUGAR

No mundo corporativo, poucas bandeiras se desgastaram tanto em tão pouco tempo como esta: o cliente em primeiro lugar. Largamente utilizada sem critério, transformada em slogan publicitário de norte a sul do país, a frase tornou-se anêmica. Os empreendedores aqui retratados parecem dispostos a resgatar sua força e dotá-la de um significado mais abrangente. Para eles, o relacionamento com o cliente não pode se limitar ao tratamento cordial, assumindo um papel de protagonismo na estratégia da empresa, inserida em seu próprio modelo de negócios.

Nos primeiros tempos, enquanto o porte da companhia permite, o empreendedor mantém um contato estreito com clientes e consumidores. Em alguns casos, os conhece pelo nome. O risco de isolamento, porém, cresce na mesma medida em que o negócio se expande. A Uatt?, revela este livro, se viu diante desse desafio e, a partir dele, desenvolveu um refinado sistema de acompanhamento do mercado, nas palavras dos sócios Rafael Biasotto e Ivan de Oliveira.

> O crescimento acelerado impôs desafios. Por exemplo, quanto mais crescia mais a empresa perdia contato com a ponta de consumo, ou seja, o cliente, principal fonte de informações para o desenvolvimento de produtos. "A vivência com o consumidor ficava diluída em milhares de pontos de venda espalhados pelo Brasil", explica Ivan. "Em função da distância, nossa visão era míope." Não havia uniformidade na linguagem utilizada com o cliente, completa Rafael. "Cada loja multimarca tem seu próprio estilo, sua própria comunicação." Assim, o acesso da Ethno às pessoas que compravam produtos da empresa era limitado. A dupla de sócios acumulava perguntas que permaneciam sem resposta satisfatória. Quem era o consumidor? Quais eram suas expectativas de preço? Quais eram as lacunas do portfólio? Qual era a percepção da marca junto ao consumidor? Que experiência procurava quando chegava ao balcão? "A cabeça do cliente era uma incógnita para nós", admite Ivan.

Toda a equipe e até mesmo a rede de fornecedores e parceiros de uma companhia deve estar imbuída do princípio de conhecer em profundidade hábitos, desejos e comportamentos dos clientes. É uma tarefa contínua, pois esse universo encontra-se em permanente metamorfose, como sintetiza Rogério Gabriel, da Prepara:

O porte atual da companhia já não permite que o próprio Rogério "sinta o pulso do mercado", como fazia ao encostar no balcão da Precisão anos atrás. Agora, ele divide a função com os parceiros, o que é algo fundamental. Ali, nas salas de aula, junto aos alunos, eles identificavam as necessidades do público e desenhavam projetos para o futuro. "O cliente é o pai dos novos negócios", resume Rogério.

Poderia acrescentar: e novos negócios trazem novos clientes e mantêm os atuais. Sim, porque as pessoas casam, mudam de emprego, ascendem socialmente, geram filhos, envelhecem — e, com isso, mudam a forma de viver. O lançamento constante de produtos e serviços atende às novas necessidades. A marca já tem lugar em sua mente. A Uatt? fareja esses movimentos como um perdigueiro em busca da caça. Leia com atenção o que diz um trecho do relato sobre a empresa:

O lançamento das lojas em 2008 inaugurou um período de profundo aprendizado sobre o perfil dos consumidores. Ou melhor, consumidoras. Sim, porque essa foi uma das primeiras constatações: a base de clientes era formada por mulheres entre quinze e 25 anos. Até hoje, esse grupo representa 50% do faturamento. Outra: elas não buscavam itens para uso pessoal, mas para presentear alguém. Quem? O namorado? A mãe? O pai? A irmã? Não. As amigas. No aniversário? No Natal? Não necessariamente. "Elas dão enorme valor à amizade e querem expressá-la continuamente, sem data ou motivo específico", diz Rafael. Também se preocupam mais com a "mensagem" que o presente transmite do que com o design. Por isso, alguns itens trazem palavras ou frases inteiras estampadas na superfície.

O conhecimento acumulado refinou o portfólio e o formato das lojas, adequando ambos ao perfil de um consumidor que a Uatt? conhecia com mais profundidade e detalhes. "É um processo contínuo, não acaba", diz Rafael. "O ativo mais valioso de uma companhia é a intimidade com os clientes."

3. AUTOCONFIANÇA E MULTIFUNCIONALIDADE

"É pau para toda a obra." "Bate o escanteio e vai para a área cabecear." "Assobia e chupa cana." Essas expressões populares e seu significado permeiam a totalidade dos relatos de empreendedores sobre os primórdios dos negócios que criaram. Sem recursos financeiros, com caixa apertado e equipe reduzida (quando têm equipe), eles assumem os mais variados papéis para viabilizar o projeto — são, ao mesmo tempo, presidente e auxiliar de escritório; vendedor e gerente financeiro; motorista e contador.

É um esforço imenso, mas com frutos positivos. A multifuncionalidade permite ao empreendedor domínio e visão ampla de todos os processos da empresa que ele acaba de criar. Mais: ajuda a forjar sua liderança junto aos funcionários. Ele passa a ser reconhecido como um sujeito que enfrenta adversidades, cultiva a humildade e revela talentos insuspeitos — e, em alguns casos, divertidos, como o da Casa do Construtor:

> O empreendedor é, por princípio, um homem de sete instrumentos, tamanha a quantidade de tarefas que assume simultaneamente para tocar seu negócio. Pois o paulista Expedito Eloel Arena levou a história ao pé da letra. Além de cuidar da área de compras, da administração e de outras frentes, em certo momento, apanhou um instrumento (o violão) e compôs o jingle comercial da Casa do Construtor, que ele e o amigo Altino Cristofoletti Junior fundaram em 1993. Até hoje a música anima as peças publicitárias veiculadas por emissoras de rádio em todo o país. *Construindo ou reformando/ o bom pedreiro ou construtor/ aluga o equipamento/ lá na Casa do Construtor. Vai lá, vai lá/ Vai na Casa do Construtor/ Alugue lá, alugue lá/ Lá na Casa do Construtor./ Andaimes e betoneiras/ furadeiras e compactador/ Alugue lá, alugue lá/ Lá na Casa do Construtor.*

A capacidade de realizar várias e diferentes tarefas ao mesmo tempo nasce de um sentimento de autoconfiança, obrigatório para quem se aventura na carreira solo. O sonho do empreendedor não pode ser tímido. Para ele, um tijolo não é um tijolo; é simplesmente a primeira peça do edifício que construirá. Veja, por exemplo, os planos de Rogério Gabriel, da Prepara, quando, ainda no início da carreira, trabalhava numa empresa de consultoria em previdência privada:

> Na época, numa conversa com a namorada (e futura mulher) Andrea, comentou: "Um dia ainda vou contratar meu chefe. Ele é um ótimo profissional", disse, em referência a Pedro Alexandre Pinheiro, então diretor da empresa e seu superior imediato. A intenção soa surpreendente vinda de alguém que mal saíra da faculdade. Há duas interpretações possíveis: ou se trata da autossuficiência típica de jovens ambiciosos ou é a manifestação de um sonho grande, característica marcante e obrigatória no perfil de qualquer empreendedor.

A autoconfiança é a mãe da resiliência. Sem a primeira, a segunda não se manifesta. E deve ser cultivada desde sempre. Rogério Gabriel relata que esse traço da personalidade veio de dentro de casa e foi decisivo para enfrentar dificuldades:

> De dona Edmir, a autoconfiança. "De tanto ela me apoiar, acabei acreditando em meu potencial", afirma ele. "O empreendedor precisa de autoconfiança. Bem dosada, mas acima da média. É assim que a gente aguenta a pancada."

4. ENVOLVIMENTO DE EQUIPES

Os depoimentos deixam claro: não há exército de um homem só no empreendedorismo. Se a criação de um negócio pode ser um ato individual, estimulado pela criatividade de um sujeito, a expansão e o amadurecimento dependem do trabalho em equipe. E, para isso, o líder precisa se despir do apego ao poder. A divisão de responsabilidades implica também a cessão de espaços na organização. Isso demanda um rompimento com os padrões usuais no relacionamento entre empresa e funcionários. Nesse sentido, um dos casos mais emblemáticos descritos no livro é o da Acesso Digital, líder na digitalização e gestão de documentos. Seu fundador, o jovem Diego Torres Martins, conta que a valorização das pessoas foi a própria motivação para criar a companhia e nela aplicar os conceitos nos quais acreditava:

"As relações de trabalho tradicionais se baseiam na desconfiança entre empregado e empregador. Por isso, a empresa sente necessidade de controlar cada passo do funcionário: saber onde ele está, o que está fazendo, a que horas chega, a que horas sai etc.", afirma ele.

E ele sabia dos estragos que a visão tradicional das relações de trabalho podem provocar numa organização:

Em sua visão, os feudos internos afastavam as pessoas e desviavam a atenção daquilo que deveria unir todos ali: atingir as metas e promover o crescimento da empresa. Era um contrassenso: as pessoas passavam a maior parte da vida em um local onde não se sentiam bem. "Seria possível fazer de outra forma?", perguntava-se Diego.

A Acesso também demonstra como evitar um dos riscos mais comuns para empresas de qualquer porte e idade, sobretudo em start-ups: o paternalismo. Na ânsia de segurar talentos e convencê-los da viabilidade do negócio, muitos empreendedores podem se tornar excessivamente protetores em sua política de recursos humanos. O texto revela como a Acesso Digital driblou esse risco, criando um sistema de metas rígido, conciliado com um ambiente de trabalho desafiador.

"Na Acesso, é diferente. Desde sua criação, confiamos inteiramente nas pessoas. E elas devem entregar os resultados combinados. As metas são nossa moeda de troca nessa relação." [...] É um jogo de pesos e contrapesos, que equilibra um ambiente informal e motivador com uma política de metas rígidas e forte cobrança de resultados, evitando que a liberdade gere um clima de acomodação.

Em uma empresa que dá seus primeiros passos, sem imagem e cultura já estabelecidas, o envolvimento da equipe se dá no dia a dia, por intermédio de gestos sucessivos que, com o tempo, constroem a confiança e a credibilidade. A solidez da relação será realmente testada nos momentos de crise aguda, presentes em todos os casos abordados neste livro. Nesses momentos, os empreendedores, a exemplo de Koike, da Tecsis, sugerem altas doses de transparência e comunicação:

> Para enfrentar a crise, a arma mais poderosa é a comunicação, aprendeu Koike. "Nesse momento, os comunicados precisam ser transparentes e coerentes para todos os públicos", afirma. "Existem todas as razões para você entrar em pânico. Mas não pode se deixar levar por ele. Não pode, por outro lado, romantizar a situação. É como uma prova de Fórmula 1. O piloto sabe que passará a trezentos quilômetros por hora a dois centímetros de um muro de concreto, não tira o pé do acelerador e não entra em pânico. Caso contrário, perde o controle do carro."

Conquistada a confiança do time, o empreendedor tem à sua disposição uma sólida base para a expansão acelerada do negócio, tanto internamente como em sua ofensiva em direção ao mercado. A trajetória da Prepara ilustra com precisão esse estágio. Em apenas dez anos, a companhia criada por Rogério Gabriel se tornou líder no ensino profissionalizante do país, com uma rede capilarizada formada a partir dos próprios talentos internos.

> Em 2007, a rede de franqueados começou a ser formada com funcionários da própria companhia. A confiança, diz Rogério, vinha do rela-

cionamento aberto que mantinha com a equipe. "Nos momentos mais difíceis, não se omita", aconselha. "Chame o time, apresente os problemas, revele as origens deles, abra os números e exponha as medidas tomadas para superá-los. Mais do que informação, dê perspectivas. Mostre que a recuperação da empresa significa a ascensão profissional deles." Graças a tal postura, em quase 25 anos como empresário, Rogério enfrentou apenas três ações trabalhistas, num país marcado pelo contencioso judicial.

Atente para uma das frases desse depoimento ("Mostre que a recuperação da empresa significa a ascensão profissional deles."). O crescimento conjunto da empresa e do funcionário é ingrediente importante para a criação de um ambiente de trabalho motivador e desafiante. Os empreendedores ponderam, no entanto, que não se trata apenas de dar boas perspectivas de carreira — é necessário conquistar corações e mentes, envolver os times com a missão que levou à criação da companhia. Altino Cristofoletti Junior e Expedito Eloel Arena, sócios na Casa do Construtor, rede de aluguel de equipamentos para construção civil, resumem a importância desse ponto:

"Transformamos um sonho individual em sonho coletivo. Essa é a competência essencial do empreendedor."

5. SÓCIOS E O ESPAÇO DE CADA UM

Uma sociedade bem-sucedida multiplica o potencial de crescimento de uma companhia, enquanto uma sociedade mal amarrada a destrói. A história corporativa brasileira está recheada de exemplos de ambos os casos. Assim como acontece com a trajetória dos dez empreendedores aqui reunidos. É uma relação delicada, na qual todas as partes precisam comungar os mesmos princípios e valores — e esse ponto é mandatório. Caso essa regra não seja cumprida, a convivência se torna insustentável. Leonardo Carvalho, da ToLife, atraiu cinco sócios investidores para sua start-up. Nem todos mantiveram a aposta no projeto. Carvalho enfrentou a situação, tomando uma decisão radical.

> Sem traquejo de star-tup, os investidores não possuíam aquilo que Leonardo chama de "cultura de risco", ou seja, tinham dificuldades em entender a dinâmica dos negócios e o tempo de maturação de uma empresa daquele porte. O retorno, é claro, não seria imediato e alguns dos patrocinadores começaram a se queixar. Mês após mês, a pressão cresceu continuamente e atingiu o auge quando o plano de negócios desenhado inicialmente e o volume captado se revelou tímido diante da real necessidade de capital. [...] A pressão dos sócios era outra fonte de angústia, e ele acabou por adquirir a participação de dois deles. Hoje, são quatro os acionistas.

Enfim, princípios e valores devem obrigatoriamente coincidir. Por outro lado, é possível (na verdade, até desejável) que o estilo de cada um seja diferente. Os perfis devem ser complementares, de forma que um supra as carências e lacunas do outro. Os espaços de atuação devem ser exclusivos, já que uma sobreposição de funções gera desgaste na empresa. Bem desenhada, a sociedade garante resultados rápidos e certeiros, como demonstra uma passagem sobre a Clearsale:

> O início da arrancada da Clearsale em 2008 coincidiu com a chegada de Bernardo na condição de sócio na companhia. Na avaliação de Felipe, da Endeavor, não se trata de obra do acaso. Para ele, o trabalho conjunto de Pedro e Bernardo segue o modelo recomendado por especialistas para uma sociedade sólida e duradoura, na qual cada um contribui com características diversas, mas não conflitantes e até complementares. "Eles personificam a dualidade necessária a uma parceria", diz Felipe. [...] Enquanto Pedro era o homem das vendas e da motivação, Bernardo se voltaria mais à gestão e ao desenvolvimento dos modelos estatísticos.

"Bernardo coloca no chão as ideias mirabolantes do Pedro", resume Felipe, da Endeavor. Sua visão sobre a dupla ajuda a esclarecer o modelo de negócios e a rápida expansão da companhia: "O motor da Clearsale é a criatividade de Pedro, com ideias que rompem os padrões, quebram paradigmas. Já Bernardo garante a inteligência estatística, sem a qual as ideias não se concretizariam".

A base da parceria é o reconhecimento mútuo da contribuição de cada um ao desenvolvimento do negócio. É um processo alimentado por certa empatia pessoal e pelos resultados obtidos ao longo do tempo. Um bom exemplo é o da Casa do Construtor:

No mais, tudo na Casa do Construtor, desde os primórdios, apresenta a assinatura conjunta. Altino e Expedito formam uma sociedade de perfis diferentes (mas não opostos) e, ao mesmo tempo, complementares. A sintonia entre os dois é tanta que eles próprios brincam que poderiam lançar de fato uma dupla caipira, a Dito e Tino. Altino tem os olhos voltados para o mercado. Boa parte de seu tempo é consumida pela participação em associações e entidades, como a Associação Brasileira de Franchising. No passado, militou em uma organização católica e em um partido político, e disputou uma eleição para a Câmara de Vereadores em Rio Claro. Ao mesmo tempo, fareja tendências, busca caminhos de expansão e persegue uma meta ambiciosa: atingir o faturamento de 1 bilhão de reais em 2020, quando a bandeira da Casa do Construtor estará fincada em mil diferentes pontos, "nas principais cidades do Brasil e em municípios promissores com população superior a 40 mil habitantes", afirma Altino. Desse total, espera ele, 10% serão lojas próprias.

Por sua vez, Expedito é o sujeito da operação, dos controles internos e das compras. Conhece profundamente os equipamentos, seja nos detalhes técnicos, seja na aplicação. [...] "A Casa do Construtor é resultado da união dos perfis diferentes de Altino e Expedito, que se complementam e dividem os mesmos valores e princípios", observa Lucas Monteiro de Barros, gestor da Endeavor responsável pelo acompanhamento da

Casa do Construtor. "Eles se respeitam e reconhecem a contribuição de cada um no desenvolvimento do negócio."

Não há sociedade que sobreviva sem transparência e clareza nas operações, nas relações entre os parceiros e sem espaços exclusivos de atuação. Isso gera confiança e permite a divisão de papéis dentro da empresa — um pré-requisito fundamental para o sucesso da empreitada. No capítulo dedicado à Tecsis, o fundador Bento Koike destaca esse aspecto:

> Na Composite, as decisões eram tomadas por comitês — um sistema democrático, mas pouco eficiente, pois a responsabilidade ficava diluída. "O correto é que haja sempre um responsável para cada decisão tomada na companhia", afirma Koike. "Em qualquer nível da empresa, toda decisão deve ter um dono claramente identificado."

6. CAPACIDADE E AGILIDADE DE ADAPTAÇÃO A NOVAS REALIDADES

Nenhum problema numa companhia é insolúvel. O real perigo reside em não lhe dar a devida atenção ou ficar paralisado diante dos riscos que ele pode representar, sem enfrentá-lo. Isso, sim, pode ser fatal. Empreendedores convivem com essa situação diuturnamente. São desafiados a se adaptar com agilidade a novos cenários — incertos na maioria das vezes. As decisões nesses casos podem contrariar o senso comum, mas se revelam acertadas se todos os aspectos foram considerados e bem analisados. *Vai que dá!* traz um caso que exemplifica com clareza tais situações. A Arizona era uma gráfica bem-sucedida quando os sócios, os irmãos Alexandre e Marcus Hadade, a venderam, pois não viam futuro no mercado em que atuavam. Foi uma decisão radical para se adaptar a uma nova realidade.

Os sócios já conviviam com outra dor de cabeça desde 2000, quando notaram uma mudança no relacionamento com os clientes. De forma tímida num primeiro momento e com mais intensidade nos anos seguintes, executivos da área de marketing passaram a ser substituídos por analistas de compra na hora de negociar valores e fechar contratos — uma diferença sutil, mas com profundo significado. Na avaliação de Alexandre e Marcus, o mercado caminhava rumo à "commoditização". O palavrão sinalizava que o fator preço se tornava absolutamente preponderante num processo de aquisição. Quem fizesse mais barato levava o serviço. Era uma má notícia para uma empresa de nicho, cujo valor agregado era o requinte do produto final. Mas Marcus e Alexandre identificaram a tendência antes que os efeitos se manifestassem no desempenho da Arizona. Ficou a lição de acompanhar atentamente cada movimentação do mercado, avaliando o impacto no negócio e decidindo como se adaptar ao novo cenário. Foi o roteiro seguido na Arizona.

E o desfecho, com final feliz, da história:

A empresa cresceu rapidamente, atingiu faturamento de 20 milhões de reais, era altamente lucrativa e desfrutava de prestígio no mercado. Enfim, os dois irmãos poderiam ser felizes para sempre.
Nada disso. Era um negócio, e não um conto de fadas. No auge, em 2007, passaram a gráfica adiante e partiram para uma nova empreitada. [...] Com faturamento anual de 61 milhões de reais, a companhia tem escritórios em São Paulo, Rio de Janeiro e Buenos Aires, emprega trezentos funcionários e ostenta uma carteira de cem clientes, com grifes como Natura, Coca-Cola, Santander, Carrefour, Peugeot-Citroën, além de grupos de comunicação do porte da Lew'Lara/TBWA, W/McCann, Almap/BBDO e Talent/Publicis.

Os cases demonstram que, em geral, as grandes decisões guardam em si boas doses de angústia e, por isso, são mais difíceis de serem tomadas. Nesses momentos, uma pergunta ajuda: quais serão as consequências para o negócio, caso eu não tome esta decisão? A resposta provavelmente trará embutida a coragem para seguir rapidamente o melhor caminho, ainda que se mostre doloroso. Avalie o seguinte trecho sobre a trajetória de Rogério Gabriel, da Prepara:

> "De fato, o apoio aos parceiros apresentava problemas. Era como abastecer o avião em pleno voo", compara. "Eu carregava dois celulares que tocavam sem parar. Não dava conta de atender a todos." Alguns franqueados passaram a se queixar. Antes que uma epidemia de desmotivação contaminasse a rede, Rogério recorreu ao antídoto clássico: comunicação. Primeiro, agendou uma convenção. Durante o evento, expôs a situação da empresa, os avanços obtidos e os passos seguintes. A seguir, chamou cada uma das "cinco lideranças negativas" para conversas particulares. Novamente, enfatizou as conquistas na curta existência da Prepara e desenhou o cenário futuro para a companhia. Encerrava o encontro com uma pergunta: "Sendo assim, o que você quer fazer a partir de agora?". Três deles permaneceram — e lá continuam até hoje. Os outros dois passaram o negócio adiante.

Com a atitude, Gabriel evitou uma contaminação em todo o ecossistema da empresa a partir de alguns poucos focos de insatisfação. Olhando pelo retrovisor, não resta dúvida de que tomou a decisão acertada. No momento, porém, é necessário conter a paixão e o impulso naturais ao perfil de empreendedores. Como diz um velho ditado: "Vamos com calma que tenho pressa". O relato sobre a Arizona serve mais uma vez para uma reflexão a respeito desse ponto:

> Tomou gosto pelo negócio, mas não se deixou levar pela paixão, evitando um erro comum entre empreendedores noviços. Antes de mergulhar na atividade, dedicou-se a conhecê-la de forma mais profunda. Cursos do Senai lhe proporcionaram formação técnica e conhecimento da operação fabril. Logo, percebeu que precisava de apoio, sobretudo na área comercial. Marcus era a escolha natural.

Em diversas ocasiões, mudanças fortes (e até radicais) de rumo esbarram em dois sentimentos compreensíveis, mas nocivos à saúde dos negócios: a vaidade e o orgulho. Afinal, depois de tanto sacrifício e entrega, é difícil admitir o equívoco quando o resultado fica aquém do esperado. Insistir nessa postura torna-se fatal para o empreendimento. A história de Rogério Gabriel, da Prepara, embute um ensinamento de ouro sobre a importância da humildade, extraído do episódio em que narra os problemas enfrentados na Precisão, empresa que antecedeu a Prepara.

> A principal autocrítica de Rogério, porém, reside na demora em tomar a decisão inevitável. A Precisão, diz ele, deveria fechar as portas no mínimo três anos antes. Dessa constatação, retirou um mandamento que o orienta desde então: "Não abandone o negócio na primeira dor de barriga, mas não se apegue a ele se não enxergar viabilidade". Há uma linha tênue entre uma coisa e outra, mas que pode ser identificada com planejamento e metas. "Imponha limites para as perdas. E os respeite", diz ele.
>
> O maior obstáculo em tais situações é o envolvimento umbilical entre a cria e o criador. "Muitas vezes, a paixão pelo empreendimento cega o empreendedor", adverte. Para evitar o risco, Rogério faz três recomendações. "Encontre o equilíbrio entre o lado afetivo e o lado racional"; "Persista, mas não insista"; "Se não houver jeito, empurre a vaquinha para o precipício. Não espere que ela caia sozinha, pois só prolonga o sacrifício".

Uma frase do texto sobre Bento Koike, da Tecsis, a esse respeito pode servir de mandamento a todos os empreendedores:

> "Não se livre do problema; esse é o caminho mais fácil. Procure resolvê-lo, pois esse é o caminho virtuoso", afirma ele.

7. MODELO DE GESTÃO E FOCO

Eis aqui um tema que, mal administrado, compromete a sobrevivência de uma empresa, principalmente aquelas que não atingiram a maturidade. Com recursos financeiros e humanos escassos, os empreendedores não podem desperdiçar energia e dinheiro naquilo que esteja fora do foco de sua atuação. Por isso, a definição do modelo de negócios adequado à proposta da companhia significa a diferença entre o sucesso e o fracasso. Uma experiência de Bento Koike, da Tecsis, revelou a importância de um modelo de gestão bem desenhado. Na época, ele estava à frente da Composite, negócio criado por ele antes da Tecsis:

> Num contrato firmado com o Metrô de Brasília, a Composite enfrentou sérios problemas com a qualidade das peças. "Perdemos muito dinheiro com devoluções e retrabalho", recorda Koike. O empresário chamou os quarenta profissionais envolvidos com o projeto, anunciou a demissão de todos e a imediata recontratação de quem aceitasse um novo regime de remuneração variável de acordo com o volume de peças fabricadas e aceitas pelo cliente. A nova regra poderia significar um aumento substancial ou uma redução forte nos rendimentos, dependendo da dedicação e da produtividade de cada um. "Parte da equipe passou a trabalhar muito mais motivada e com remuneração maior. Outra parte não se adaptou e deixou a companhia. Os problemas de qualidade desabaram", diz Koike. "Entendi na prática a força de meritocracia." Mais: o modelo de gestão deve criar um ambiente que provoque o alinhamento entre as expectativas das pessoas e os objetivos da empresa. "Os resultados são consequência desse modelo", diz Koike.

A Clearsale descobriu essa verdade da forma mais dolorosa, como mostra o texto sobre a empresa.

> No caso da Clearsale, a pouca intimidade com estratégia de negócios começou a cobrar seu preço em 2005. Na ocasião, um boom no mercado

de tecnologia transformou os profissionais em alvos disputadíssimos e provocou uma debandada em massa da equipe. Dos 25 programadores, sobraram apenas dois.

A fuga em massa era o sintoma mais evidente de uma gestão tocada na base de entusiasmo e voluntarismo, sem controle, política ou organização. A maioria do quadro de funcionários era formada por estagiários. Junto com empréstimos tomados em bancos, vinham títulos de capitalização.

O respeito ao foco do negócio é uma tarefa complexa. Muitas vezes, a diversificação rumo a outra atividade parece natural e óbvia. Meia verdade. O foco não reside nas aparências. Ele se esconde nos detalhes. Só uma investigação profunda sobre a essência da organização é capaz de revelá-lo. A Uatt? (na época chamada Ethno) descobriu que as aparências enganam, mas corrigiu o rumo rapidamente e passou a adotar mais cautela na hora de promover movimentos estratégicos. Veja o que diz o relato sobre a empresa:

> A prudência em relação ao passo rumo ao franchising pode ser explicada pelo passado da empresa. Encomendas de grandes empresas levaram a Ethno a entrar no mercado de brindes promocionais. À primeira vista, era uma extensão lógica da atividade original. Assim, montaram uma estrutura própria, com gerente, funcionários e representantes comerciais. No entanto, logo, a decisão se mostraria equivocada. Os negócios eram muito diferentes, já que a indústria de brindes vive de pedidos repentinos, sem receitas recorrentes, uma característica que dificulta o planejamento. Os prazos de entrega são curtos e os volumes, grandes. A formação de estoques para atender encomendas da noite para o dia exige um capital de giro que a Ethno não possuía na época. Apesar das aparências, os dois setores (brindes e presentes) não tinham o que o consultor americano Chris Zook chama, em seu livro *Além das fronteiras do core business*, de "adjacências", a expansão para atividades similares e fortemente relacionadas com a alma do negócio. Nos primeiros tempos, o tiro pareceu certeiro. Em um ano, o faturamento bateu em 1

milhão de reais. Mas o número não se repetiu. "Surfamos a onda e tivemos algum retorno, mas o desgaste era grande e consumia energia que poderíamos canalizar para o varejo", recorda Rafael. Em 2007, a área de brindes foi fechada.

Não é à toa que, Pedro Chiamulera, da Clearsale, insiste em dividir essa lição com candidatos a empreendedor:

"Tenha foco, pois você não terá energia para tocar mais de um negócio ao mesmo tempo."

8. INOVAÇÃO

Inovação e empreendedorismo estão intimamente ligados. Sem a capacidade empreendedora, a inovação não passa de uma boa ideia, sem viabilidade, sem efeitos práticos. O conceito é amplo. A inovação pode estar contida em um produto que apresente uma forte evolução tecnológica. Mas também está presente num novo modelo de gestão ou numa abordagem inédita no mercado, pois trata-se atualmente do principal diferencial diante da concorrência, tanto interna como externa. Foi o caminho que levou a Tecsis ao posto de maior fornecedora da GE Energy em pás para usinas eólicas. A empresa surgiu sob o signo da inovação.

A Enercon tentava terceirizar parte da produção de pás, mas o fornecedor alemão contratado para esse fim não conseguia dar conta das encomendas. Koike, em contrapartida, se comprometeu a entregar produtos sob medida. Além disso, graças ao aprendizado acumulado no ITA e no IAE, sugeriu o uso de tecnologia aeroespacial, muito mais sofisticada e com padrão de qualidade superior ao da indústria naval, na qual a concorrente alemã se inspirava para seu processo produtivo. As inovações soaram como música aos ouvidos de Wobben, e Koike saiu de lá com um contrato experimental (o primeiro da Tecsis) de 1 milhão de dólares, valor que incluía um adiantamento imediato e o fornecimento de matéria-prima. No dia seguinte, o alemão embarcou o material em um navio rumo ao Brasil.

O grande desafio nesse campo é manter acesa a chama da inovação. A busca incessante por novidades precisa ser incorporada à cultura empresarial, de forma a manter a companhia sempre à frente da concorrência. Veja como a Prática conduziu esse processo e os resultados obtidos por ele:

> Antes "heroica", a cultura da inovação está agora integrada à estratégia da empresa. O departamento de pesquisa e desenvolvimento abriga cinco times de engenharia, cada um deles dedicado a uma família específica de equipamentos. Já a equipe de design atende a todas as áreas para garantir uniformidade à linha de produtos. Outro braço de P&D desenvolve aplicações para suprir as necessidades específicas de cada cliente. [...] Mas, em menos de sessenta dias, a companhia desenvolveu, a partir do zero, um forno "flex", alimentado tanto por energia elétrica como por gás. Antes que a concorrência pudesse criar ou importar modelos semelhantes, a Prática já havia tomado a dianteira no mercado.

Atualmente, André afirma com convicção que aquele momento catapultou a Prática à liderança em sua área de atuação. "A partir daí, decolamos", resume ele. Desde então, em pouco mais de dez anos, a empresa mudou de patamar. Hoje, fabrica 8 mil fornos por ano, além de 2600 máquinas de panificação e 1200 equipamentos de refrigeração, com a marca Klimaquip. O faturamento em 2013 atingiu 111 milhões de reais e a geração de caixa chegou a 16%. Os fornos e equipamentos da empresa são vendidos em dezoito países ao redor do mundo. E a inovação se incorporou de vez ao espírito da empresa: cerca de 20% da receita vem de produtos lançados nos últimos dois anos.

Lampejos isolados de criatividade, por mais brilhantes que sejam, não são suficientes para a sustentabilidade do negócio. O líder deve dedicar tempo e energia para acompanhar de perto esse assunto. Nesse caso, o dia a dia pode ser um inimigo fatal. Rogério Gabriel, da Prepara, extraiu esse ensinamento da experiência que teve num negócio anterior, a Precisão, uma rede de produtos de informática.

A Precisão se desenvolveu a partir de um modelo ainda inédito no Brasil e não percebeu quando esse modelo foi superado pela realidade do mercado. "Eu estava muito envolvido na operação e não me dediquei a analisar os cenários", afirma ele. "Nunca deixe de olhar para fora da empresa e observar as tendências", aconselha. [...] "O crescimento e a perenidade de um negócio vem da inovação permanente", afirma ele.

9. GESTÃO FINANCEIRA

As vendas são o sangue de uma companhia, e o dinheiro é seu oxigênio. Pesquisas realizadas no Brasil indicam que o fluxo de caixa aparece como principal causa da elevada mortandade de pequenos negócios antes mesmo de completar o primeiro aniversário. A Casa do Construtor ilustra como a geração de caixa expõe uma empresa a um paradoxo: quanto maior a venda, menor os ganhos financeiros.

O mercado existia, mas uma série de decisões equivocadas derrubaram rapidamente as expectativas otimistas. "Talvez tenha sido nosso melhor aprendizado", afirma Altino. O primeiro erro foi investir na construção de um galpão onde funcionaria a loja. "Tínhamos pouquíssimo dinheiro e imobilizamos o capital na construção", diz Expedito. Outro aprendizado foi administrar o fluxo de caixa, um dos mais frequentes fatores da alta mortandade de pequenos empreendimentos no Brasil. Os clientes apareceram em massa. As vendas eram a prazo, mas as compras eram pagas à vista, num cenário de inflação próxima a 2500% ao ano. Não é difícil entender porque as contas não fechavam.

O problema tem origem na pouca familiaridade dos empreendedores com o manejo de recursos financeiros. Assim, eles enfrentam dificuldades para responder a certas questões. Onde imobilizar o capital? Quando devo fazer retiradas da empresa? Em que volume? Quanto do lucro reservo para investimentos? Todas essas perguntas deveriam ser respondidas na elaboração do plano de negócios de um empreendimento. Caso contrário, os efeitos negativos podem perdurar por um longo período. Nesse sentido, o trecho abaixo sobre a ToLife pode ser elucidativo:

> E a ToLife não tinha capital de giro. Leonardo não havia previsto tal necessidade no plano de financiamento. Se esse ponto fosse incluído, a conta para o investimento inicial ficaria em torno de 4,5 milhões de reais. A saída foi correr aos bancos. "Sabe o que é sentar na frente de um gerente de banco e pedir um empréstimo de 4 milhões de reais para uma empresa que nunca faturou nada?", aponta Leonardo. O dinheiro veio, mas até hoje a ToLife enfrenta desafios em sua estrutura de capital.

A escolha do que fazer com os poucos recursos disponíveis é um passo primordial para minimizar a carência de dinheiro que toda empresa encara em sua infância. A decisão precisa levar em conta os objetivos e a estratégia do negócio. A partir daí, definem-se as prioridades. A Prática estabeleceu regras rígidas tanto para a distribuição dos lucros como para garantir a saúde de seu caixa. Essa experiência serve como preciosa orientação para jovens que desejam empreender.

> Temas delicados como sucessão familiar e distribuição de lucros já são disciplinados por políticas internas. Por exemplo: uma parcela de 25% dos resultados é separada para pagamento de dividendos aos acionistas. Outros 5% são destinados à reserva legal e 30% compõem o fundo de resgate, recursos equivalentes a dois meses das necessidades da empresa. Para mexer nesse dinheiro, só em casos emergenciais e com autorização direta de André. "Caso contrário, acaba sendo incorporado

ao capital de giro", pondera ele. "Com a reserva, ganhamos poder de barganha para negociar com os bancos." A fatia restante, 40% do resultado, é utilizada em investimentos na própria empresa.

A leitura dos casos retratados neste livro mostra que só existe uma cláusula pétrea em relação a um tema tão delicado quanto esse: durante um bom tempo (e isso significa alguns anos), empreendedores não retiram dinheiro da empresa além do necessário para a sobrevivência. O texto sobre a Sirtec, de Darci Schneid, dedica especial atenção a esse ponto.

Um terceiro ensinamento foi a importância de reinvestir tudo na empresa. Embora tenha conquistado clientes rapidamente, Darci manteve um estilo espartano na vida pessoal. "O talão de cheques que levo no bolso nunca tem o CNPJ da companhia", diz ele. Até 1996 (ou seja, sete anos depois de se tornar empresário), dividiu um apartamento com colegas de São Borja. A moto deu lugar a um fusquinha, que era utilizado para transportar material. O simpático veículo foi substituído por um caminhão, que, de tão velho, estava encostado na garagem de um concorrente. "Comprei barato e foi um salto de qualidade no atendimento aos clientes", diz ele. Somente em 2008, às vésperas da Sirtec completar vinte anos, fez a primeira retirada de dividendos e comprou a casa onde vive atualmente. Poderia ser um pouco antes, em 2006, mas na ocasião Darci identificou a necessidade de um software de gestão parrudo. "A empresa já tinha um porte razoável e as diversas planilhas e relatórios não conversavam entre si", conta ele. "Isso criava feudos, impedia controles mais rígidos e travava o crescimento." Darci tomou um susto ao ver o investimento necessário para implantar o Enterprise Resource Planning (ERP), como são chamados no jargão corporativo os sistemas informatizados de gestão. "Era muito dinheiro, muito mais do que tínhamos em caixa", lembra. "Se instalássemos, correríamos um risco financeiro enorme." Depois de noites sem dormir, resolveu bancar o projeto. Raspou o caixa e somou ao pé-de-meia pessoal. Como não era suficiente, deixou que a própria geração de caixa da empresa garantisse o restante. "Foi talvez a maior aposta que fiz em quase 25 anos de existência da Sirtec", diz ele. "E provavelmente a mais acertada."

Por isso, Rafael Biasotto, da Uatt?, resume da seguinte forma a angústia do empreendedor diante da gestão financeira de sua empresa:

"Todo empreendedor é um malabarista", diz. "Na gestação de uma empresa, é preciso estabelecer o que é prioritário e buscar alternativas de acordo com seus recursos."

10. PERSISTÊNCIA E RESILIÊNCIA

"Empreendedores são semelhantes aos atletas de elite", afirma Rafael Biasotto, fundador da Uatt?. "O que os diferenciam é a capacidade de resistir à dor e de se superar." Essa frase resume a importância da persistência e da resiliência na condução de um empreendimento. Não há ciência, fórmula, receita ou regras para conquistar essas duas qualidades cruciais para o desenvolvimento de um negócio. Elas são inatas a qualquer pessoa e podem (ou não) se manifestar em determinadas situações na vida. No caso dos empreendedores, o que ativa a persistência e a resiliência é uma crença absoluta no projeto que lideram, mesmo que as análises mais racionais deponham contra a ideia. O mineiro Leonardo Lima de Carvalho não teria fundado a ToLife, se avaliasse as possibilidades de insucesso (e elas eram muitas), conforme relatado no livro:

O principal trunfo de Leonardo, segundo ele mesmo, está na resiliência. "É a palavra-chave do empreendedorismo", diz ele. "Se, na hora de criar a ToLife, eu considerasse todos os riscos, jamais teria construído a empresa. Essa força é vital."

A força de um empreendedor diante das dificuldades tem múltiplas origens. Pode vir, por exemplo, de uma herança cultural ou da memória dos antepassados. Bento Koike, fundador da Tecsis, fabricante de pás para usinas eólicas, é descendente de japoneses, um povo cuja história é recheada de momentos trágicos seguidos por impressionantes demonstrações de superação. Anos depois de ser atingido por duas bombas atômicas, o Japão já era a segunda maior economia do mundo. A ascendência nipônica de Koike teve papel decisivo em sua trajetória de negócios.

Mas, em seu sangue, identificam-se claramente traços de disciplina, equilíbrio, resistência e, sobretudo, capacidade de extrair energia dos momentos de adversidade. "Vi meu mundo desabar mais de uma vez e aprendi que precisamos estar preparados para os maus momentos, pois neles estão as bases que vão garantir a retomada e o sucesso nos passos seguintes", diz ele. "Sempre tenha visão otimista."

Experiências passadas calejam os empreendedores e ensinam a transformar as derrotas na energia que vai movê-los para a próxima vitória, como mostra o depoimento sobre Pedro Chiamulera, ex-atleta olímpico responsável pela criação da Clearsale, que desenvolve soluções para a prevenção de fraudes em e-commerce.

Diante desses números, a trajetória nos negócios parece menos acidentada do que nas pistas de atletismo. Em termos. Pedro enfrentou situações de sufoco na Clearsale, daquelas que fariam um sujeito comum desistir da empreitada. Em 2005, por exemplo, perdeu, em questão de semanas, 23 profissionais da equipe de desenvolvimento. Sobraram dois. Nessas fases, a experiência acumulada nas competições serviu de estímulo. "A vida esportiva inspira a vida do empreendedor", afirma ele. "Tanto o atleta quanto o empreendedor convivem com cobranças, metas, superação e a necessidade de se motivar sozinho. Em certos aspectos, são atividades extremamente solitárias."

Não se trata aqui de apresentar o empreendedor como uma espécie de super-herói, inexpugnáveis à dor e inabaláveis diante dos riscos. O que os diferencia é a capacidade de não desanimar por conta das adversidades. De forma precisa e muito bem-humorada, Marcus Hadade, sócio da Arizona, define a situação:

> "O empreendedor tem o direito de ficar triste, mas a tristeza só pode durar um dia. Depois é necessário se reerguer e retomar a atitude positiva."

Além disso, alguns aspectos específicos das histórias aqui apresentadas chamaram a nossa atenção e merecem ser destacados:

A) MORTE DE UM SÓCIO

A morte é a única certeza da vida que nos surpreende. Ela pode extinguir de uma hora para outra, sem aviso, importantes referências para qualquer ser humano. Quando se trata do falecimento de um sócio, o impacto se estende também para o campo profissional. O evento provoca um desarranjo emocional e organizacional. Como lidar com a situação? Na Acesso Digital, Rui Jordão, fundador da companhia com Diego Martins, morreu depois de um infarto. Jordão, com cinquenta anos, era, além de sócio, o mentor de Martins, então com pouco mais de 25 anos. O que poderia desestabilizar uma empresa recém-criada acabou por fortalecê-la. Veja como o capítulo sobre a Acesso Digital narra esse momento crucial para a organização:

> A aceitação no mercado foi imediata. Aí veio um duro golpe para a recém-criada empresa. Um infarto fulminante matou Jordão, aos cinquenta anos. "Foi um baque pessoal e profissional", recorda Diego. Heloísa, esposa de Jordão, permaneceu como sócia na Acesso. [...] Mas, um desenho numa das paredes da sede da Acesso, entre bicicletas, mesas de

pingue-pongue e sofás coloridos, não deixa dúvidas sobre quem continua sendo a fonte de motivação para a empresa: Rui Jordão. Junto a uma ilustração com seu rosto está a frase: "Continue sendo nossa inspiração".

B) ALINHAMENTO SOBRE RETIRADAS DE DINHEIRO

Se os sócios não se entenderem sobre este item, não há futuro para a empresa. Retiradas de dinheiro em horas impróprias sangram irremediavelmente o caixa, principalmente nos primeiros anos da companhia. A decisão de reinvestir todos os ganhos no próprio negócio é um teste sobre o nível de crença que o empreendedor tem em seu projeto, pois implica sacrifícios pessoais e até mesmo familiares. Expedito Eloel Arena e Altino Cristofoletti Junior, sócios na Casa do Construtor, adotaram a mesma postura nesse sentido, o que revela uma profunda comunhão de princípios entre os dois.

Durante os primeiros anos, os dois sócios não retiravam dinheiro do negócio. Expedito alugou o apartamento que ganhara do sogro e morava numa casa menor. O aluguel reforçava o orçamento familiar e permitia que o pequeno rendimento da loja fosse totalmente reinvestido. Às vezes, o dinheiro fazia o caminho inverso. Num momento de aperto no caixa, uma nota promissória perto do vencimento foi paga com o salário da esposa de Expedito.

Altino adotava os mesmos hábitos franciscanos. Viveu por quase trinta anos numa edícula de setenta metros quadrados. Ali nasceram seus três filhos. A franquia dos Correios garantia as necessidades básicas para a família. Ambos dirigiam carros com quilometragem avançada, que frequentemente eram a "frota" da empresa. Para Altino, essa postura não refletia apenas a necessidade financeira, mas também um princípio do qual não abrem mão: "A falta de controle nos custos pode destruir uma empresa", afirma ele.

C) SUCESSÃO E VENDA

Para um empreendedor, a venda de uma empresa se assemelha à morte de um ente querido. O sentimento de perda é muito forte. A decisão só deve ser tomada no caso de risco à competitividade da companhia. Há diversos fatores que geram esse risco: da pouca disposição do fundador em continuar no negócio à falta de capital para se manter; de problemas de sucessão ao atraso tecnológico. Conversas constantes entre os sócios sobre esses temas são essenciais para alinhar pontos de vista e manter a unidade de propósitos e objetivos. O foco deve ser a preservação da companhia. O capítulo sobre a Tecsis descreve o significado dessa decisão para um empreendedor.

O momento mais duro ocorreu em 2010, quando, sob o peso de uma dívida de 250 milhões de dólares, Koike tomou a mais "difícil decisão" na vida de um empreendedor: vender o controle da companhia. Na ocasião, quase 80% do capital foi transferido para a Estáter (uma boutique financeira com sede em São Paulo), o Unipar (tradicional companhia do setor químico) e o BNDES. Um grupo de bancos privados também converteu dívidas em participação acionária.

"A relação com a empresa é mais íntima do que com filhos", afirma Koike. "O filho tem seu caminho, sua vontade; é outro indivíduo. Já a empresa depende do empreendedor, porque é uma extensão dele. É uma relação mais visceral." Então, o que o levou a aceitar a venda? "O sonho de perpetuar o negócio se impõe. Não havia outro caminho. A sobrevivência da organização estava em xeque e, em situações assim, o controle acionário se torna secundário."

D) CONSELHO DE ADMINISTRAÇÃO

A presença de um conselho de administração traz benefícios para uma organização, mas exige um processo de adaptação e reeducação de seus sócios. Por um lado, a visão externa e distanciada dos conselheiros serve de contraponto ao chamado espírito animal do empreendedor. Por outro, mal calibrada, pode frear a ousadia da empresa. Desde que o BNDESpar adquiriu parcela de seu capital, a Prática, controlada pelos irmãos André e Luiz Eduardo Rezende, mergulhou no aprendizado para se adaptar a essa nova realidade. Veja como o livro aborda o caso:

> A companhia já possui um conselho de administração, formado por um representante do BNDESpar, dois profissionais contratados e os dois irmãos. André, um engenheiro de produção formado pela Escola Politécnica da Universidade de São Paulo, avalia o embarque do BNDESpar como o sinal para o início de uma fase mais madura da companhia. "Já não somos uma start-up", observa ele. Em sua opinião, a presença do banco e dos conselheiros garante um equilíbrio em relação ao espírito ousado dele e do irmão. "O ideal é conciliar o ímpeto do empreendedor com a postura mais racional de investidores externos."
>
> É uma mudança profunda, alertam especialistas. "Demanda divisão de poder e isso, muitas vezes, é um processo doloroso para o fundador", diz Renato Bernhoeft, um decano no estudo sobre empresas familiares no país e mentor da Endeavor. Mas trata-se de um esforço sobre o qual os irmãos falam abertamente. André revela desprendimento diante do sentimento de posse que, muitas vezes, domina empreendedores. E utiliza uma frase forte para expressar sua posição: "Eu trato o conselho de administração como se pudesse me demitir a qualquer momento", afirma. O irmão Luiz Eduardo demonstra visão semelhante: "Os conselheiros cobram muito, mas a presença deles reduz a solidão na tomada de decisões e leva a reflexões mais profundas".

E) INTERNACIONALIZAÇÃO

De certa forma, é um sonho que todo empreendedor cultiva: em algum momento, levar suas operações para além das fronteiras brasileiras. No entanto, há inúmeras vantagens. A exposição à concorrência externa estimula o aumento de qualidade e produtividade. As receitas em moeda estrangeira funcionam como um hedge para riscos cambiais e eventual instabilidade no mercado interno. A imagem da empresa ganha pontos favoráveis. Mas existem riscos consideráveis, como o desconhecimento da cultura e do mercado de outros países, a perda de foco, o tempo de maturação e o volume de recursos necessários para a instalação da operação internacional. E vale a pena partir para o exterior, mesmo que o mercado interno ainda ofereça oportunidades de crescimento? Parte da resposta encontra-se no capítulo dedicado à ToLife, fundada por Leonardo Lima de Carvalho.

"Cometi erros", afirma Leonardo. Um deles foi a internacionalização precipitada. Há cerca de um ano, a empresa desembarcou no México, depois de ter sido procurada por um parceiro local que não tinha recursos financeiros e uma rede de relacionamento suficientes para gerar negócios, segundo Leonardo. "Internacionalização é atraente, causa impacto. Facilmente um empreendedor cai nessa tentação", diz ele. A lição extraída do episódio foi: mirar o mercado externo apenas quando a operação local estiver inteiramente consolidada. Com apenas um cliente no país, a operação no México continua, sem, no entanto, consumir muita energia da equipe brasileira. "Não devíamos ter dado esse passo; agora, estamos tentando aprender com ele."

Nós, da Integration, esperamos que esta avaliação e a consolidação das premissas, extraídas das histórias registradas neste *Vai que dá!*, ajude você, empreendedor, a avaliar como está posicionado em cada um dos pontos abordados e que a reflexão lhe ajude na busca do seu propósito e do seu negócio.

AGRADECIMENTOS ENDEAVOR

Aos Empreendedores Endeavor, razão de existir deste livro e o real motor da mudança que queremos ver no país. É disseminando esses verdadeiros exemplos de equilíbrio entre o espírito empreendedor e o espírito gestor que cada vez mais empreendedores de alto impacto nascerão, contribuindo para a criação de um Brasil mais desenvolvido e menos desigual.

Gostaríamos de agradecer, em especial, à Integration, que com espírito empreendedor e parceria de longa data abraçou o sonho e ajudou desde o começo a transformar esta obra em realidade.

A Joaquim Castanheira, que soube como ninguém interpretar as histórias tão únicas de cada empreendedor e traduzi-las no jeito Endeavor de transmitir alto impacto.

Aos mentores Endeavor, nosso coração, que nos ajudam diariamente a catapultar a trajetória de alguns dos mais promissores empreendedores brasileiros, e que com sua experiência e conhecimento transmitem inspiração e confiança para que essas promessas atinjam todo o seu potencial. Em especial aos mentores que ofereceram as palavras sobre cada uma das histórias aqui retratadas.

Ao time Endeavor, que acreditou neste projeto e que todos os dias oferece o carinho, a dedicação, o brilho no olho e a cabeça de dono necessários para concretizarmos nossos sonhos, especialmente Juliano Seabra, Felipe Fabris, Camilla Junqueira, Rodrigo Grecco, Carolina Pascowitch, Clarisse Monteiro, Renata Chilvarquer, Arthur Valadão, Lucas Monteiro de Barros, Marcos Mueller, Paulo Arantes e Felipe Gasko.

E à Portfolio-Penguin, nossa editora, que não mediu esforços para levar a mensagem dessas histórias a milhares de brasileiros.

AGRADECIMENTOS INTEGRATION

Esta obra é resultado de um trabalho de equipe, um esforço que uniu um grupo de profissionais motivados por um objetivo único: contar a história inspiradora de dez empreendimentos brasileiros e, com isso, contribuir para o desenvolvimento do empreendedorismo no Brasil e por tabela com o desenvolvimento econômico e social do país.

Agradecemos a cada um de vocês empreendedores cujas histórias estão registradas nestas páginas. Ao longo do desenvolvimento deste projeto, vocês demonstraram as qualidades que marcam a trajetória dos homens de negócios bem-sucedidos e os transformam em referência para aqueles que pretendem seguir o caminho do empreendedorismo.

Agradecemos, portanto, pelo envolvimento, pela visão positiva e pelo esforço de transformar a experiência prática em lições de vida e de gestão. Mais: agradecemos pela humildade, pelo entusiasmo, pela transparência e, sobretudo, pela disposição deles em dividir com a sociedade aquilo que de mais precioso produzem: o conhecimento. Este livro só foi possível graças a vocês, empreendedores.

Agradecemos à Endeavor Brasil por aceitar a sugestão deste

livro e abraçar a ideia, tornando-o viável. Agradecemos também a Joaquim Castanheira pelo trabalho primoroso e cuidadoso, refletindo com muita excelência cada uma das histórias aqui registradas.

E, por último, agradecemos a todos da Integration que se dedicaram a este trabalho. Muito obrigado, Carlos Lima, Douglas Freitas, Gilberto Sarian e Gustavo Furtado.

SOBRE A ENDEAVOR

A Endeavor é a organização líder no apoio a empreendedores de alto impacto ao redor do mundo. Quando dizemos "alto impacto", queremos nos referir às pessoas com os maiores sonhos, com grande potencial para criar empresas que fazem a diferença e crescem continuamente, e com maior chance de inspirar as próximas gerações de empreendedores. Somos a única organização com foco nas scaleups, empresas no momento do crescimento em escala, e não nas start-ups, porque é onde acreditamos que a maior geração de emprego e riqueza acontece.

Linda Rottenberg, fundadora da Endeavor Global

No Brasil, desde 2000, quando empreendedorismo era uma palavra rara de se ouvir no dia a dia das pessoas, apoiamos empreendedores que admiramos, que pensam o não pensado, que sonham grande e fazem acontecer. Promovemos a troca de experiência entre eles e uma rede de mentores formada pelas principais lideranças empresariais do país.

Acreditamos na força do exemplo desses empreendedores para inspirar e capacitar milhões de brasileiros, e por isso compartilhamos suas histórias de superação e o conhecimento prático de especialistas em vídeos, artigos, cursos e livros que se espalham por aí, que multiplicam seguidores, empreendedores e sonhadores — gente que faz, repensa e dissemina a experiência.

Além disso, publicamos estudos e pesquisas em parcerias com organizações que nos ajudam a entender o cenário de empreendedorismo no Brasil. Trazemos a visão de quem está na linha de frente, enriquecendo o debate e ajudando a focar nos problemas reais. Mais do que um *think tank,* somos um agente que mobiliza pessoas, organizações, mídia e governo para promover mudanças e multiplicar o número de empreendedores que transformam o Brasil.

Com oito escritórios no país — São Paulo, Rio de Janeiro, Paraná, Rio Grande do Sul, Santa Catarina, Minas Gerais, Pernambuco e Ceará —, já capacitamos mais de 2 milhões de brasileiros com programas educacionais presenciais e à distância. Além disso, os 128 empreendedores apoiados movimentam mais de 2 bilhões de reais anualmente e empregam mais de 20 mil pessoas. Dessa forma, trabalhamos para transformar o Brasil em uma das grandes referências em empreendedorismo no mundo, com empreendedores de impacto cada vez maior na sociedade.

Hoje, menos de 1% das empresas no país são de alto crescimento, mas elas são responsáveis por quase 50% dos novos postos de trabalho a cada ano. São apenas 35 mil empresas de alto impacto. Nosso sonho grande é que sejam 100 mil até 2030. Isso vai longe!

Conheça mais sobre a Endeavor Brasil no site: <www.endeavor.org.br>.

SOBRE A INTEGRATION

Fundada em 1995 em São Paulo, a Integration Consultoria Empresarial começou com o sonho de um grupo de jovens empreendedores que deixaram seus empregos em consultorias globais de grande reconhecimento para colocar em prática sua visão de negócios em um modelo de atuação em consultoria próprio e inovador.

Com um posicionamento que parte da estratégia, define gestão e processos e vai até a implementação, a Integration ocupou seu espaço em um mercado de alta competitividade. Atualmente conta com mais de 250 profissionais de diferentes especializações, o que a torna uma das maiores consultorias da América Latina, com escritórios em São Paulo, Rio de Janeiro, Cidade do México, Buenos Aires, Santiago e Londres, e atendendo uma carteira de clientes de diversos segmentos formada por multinacionais e empresas líderes em sua área.

Para ocupar seu espaço em um mercado atendido em grande parte por empresas estrangeiras, a Integration desenvolveu diferenciais, que são percebidos e retratados pelos clientes.

"A metodologia e a equipe são a chave do sucesso da Integration."
Bernardo Calvo — MONSANTO

"A Integration consegue, além de ajudar a situar o problema, trazer metodologia e profissionais competentes, ajudando na implementação da solução."
José Vicente — NATURA

"Trabalham com você. Ouvem. E te desafiam. Dizem o que você precisa ouvir e não o que quer ouvir."
David Sculthorpe — CADBURY

"Uma das coisas que diferenciam a Integration é a inexistência do 'eles e nós'. É um diálogo único."
Ana María Urrutia — DIAGEO

"Onde acho que a Integration realmente supera a concorrência é na sua capacidade de fazer essa 'conjunção de mentes' entre cliente e consultor, transformando isso em ações que dão os resultados necessários."
Michael Canon — DHL

"É uma companhia de consultoria que entende de implementação, além de, obviamente, estratégia. O que eu gosto é que o pessoal tem os pés no chão, trabalhando muito bem em equipe."
Mauro Schnaidman — SARA LEE

"Recomendo a Integration para qualquer empresa que tenha desafios, principalmente que envolvam mudanças culturais e quebra de paradigmas, porque eles têm uma capacidade incrível de trabalhar esses conceitos."
Suzan Rivetti — JOHNSON & JOHNSON

"Visão desafiadora, alinhamento de expectativas, experiência de mercado e, sobretudo, qualidade dos profissionais são, sem dúvida, as características mais marcantes da Integration."
Michel Levy — MICROSOFT

Conheça mais detalhes da história da Integration e esses e outros depoimentos no site <www.integrationconsulting.com>. Eles traduzem boa parte da essência e forma de atuação da empresa e mostram que ela atua acompanhando e vivenciando o dia a dia do cliente, tanto dentro da organização quanto em visitas a campo, para conhecer a fundo a realidade e contar com informações e conhecimentos necessários para o projeto.

Trazer resultados dessa natureza exige que a Integration coloque, incessantemente, seus melhores esforços em identificar e desenvolver profissionais que possam ir além das qualidades analíticas e da formação técnica necessárias para o exercício da atividade. A Integration tem, em seu time, profissionais que gerenciam e compreendem as diferentes metodologias existentes, estão sempre por dentro dos conceitos mais atuais relacionados às suas áreas de conhecimento e trazem qualidades humanas para a relação entre profissionais. Isso possibilita uma forma respeitosa e cooperativa de prestar consultoria, sempre orientada ao cumprimento dos objetivos propostos e a uma implementação bem-sucedida, visando gerar resultados positivos.

CRÉDITOS DAS FOTOGRAFIAS

Página 38: Divulgação Arizona
Páginas 54, 74, 109, 147 e 185: Gabriel Vanini
Página 92: Divulgação Prática
Página 130: Edu Simões
Página 164: Divulgação Casa do Construtor
Página 201: Divulgação Tolife

ESTA OBRA FOI COMPOSTA POR TECO DE SOUZA EM MILLER TEXT E
IMPRESSA PELA GEOGRÁFICA EM OFSETE SOBRE PAPEL PÓLEN SOFT
DA SUZANO PAPEL E CELULOSE PARA A EDITORA SCHWARCZ
EM SETEMBRO DE 2014

A marca FSC® é a garantia de que a madeira utilizada na fabricação do papel deste livro provém de florestas que foram gerenciadas de maneira ambientalmente correta, socialmente justa e economicamente viável, além de outras fontes de origem controlada.